KB133899

다른 삶을 꿈꾸게 하는 힘

너머학교 고전교실 12

다른 삶을 꿈꾸게 하는 힘

토머스 모어 원저

수경 글 · 이장미 그림

너머학교

당연하지, 않아요

하루 중 가장 많은 시간을 보내는 장소가 어디인가요? 지금 당장 가고 싶은 곳은요? 나중에 어떤 사람이 되고 싶은가요? 지금 입고 있는 옷, 자주 들르는 인터넷 사이트, 눈이 가는 유명 인사는요?

누군가는 '카톡방'을 떠올리고, 누군가는 데뷔가 임박한 아이돌 멤버의 얼굴을 떠올리고, 또 누군가는 최신형 스마트폰을 떠올리겠지요. 나이 어린 스포츠 스타가 몰고 다니는 외제차라든지, 어젯밤 하다만 '워크래프트3'이라든지, 또 같은 교회에 다니는 멋진 오빠 혹은 누나를 생각하기도 할 테고요.

이런 모든 대답에 각자의 경험과 취향이 담겨 있답니다. 비슷한 연령대에 비슷한 공부를 하고 있는 사람들이라고 해도 완전히 같다고는 할 수 없으니까요. 하나의 사물 앞에서도 우리는 각자 다른 반응을 보이고, 각자 다른 일들을 연상하고, 각자 다른 방식으로 머릿속에 기억해 둡니다. '개인'이란 단어가 이를 잘 설명해 주지요. 우리는 '낱낱의' 인간들입니다. 각자 개별적으로 겪고 느끼고 욕망하지요.

그런데 이와 동시에 염두에 두어야 할 게 있어요. 우리가 사적인 취향, 사적인 관계라고 여기는 이 모든 것들이 실은 어떤 식으로든 공동의 것과 연결되어 있다는 사실입니다. 생각해 봅시다. 만약 대한민국의 도시에 살고 있는 십대 청소년이 아니라면 학원을 빼먹고 음악 프로그램 녹화 장소에 달려가고 싶을까요? 용돈을 모아 '신상' 운동화나 백팩을 사려는 생각을 할까요? 스티브 잡스처럼 되겠다는 생각도 하지 않을 테고, 아침 5시에 일어나 학교에 갔다가 새벽 2시에 집으로 돌아오는 것을 당연하게 여기지도 않을 테지요. 우리를 둘러싼 매스미디어가 펼쳐 보이는 현란한 이미지들, 서점에 널린 책들이 권하는 라이프 스타일, 거리의 수많은 상점들과 접촉하지 않았다면 이 같은 욕망과 선택도 있을 수 없었을 거예요.

그러니까 우리는 사회가 노골적으로, 때로는 은밀하고도 끈덕지게 권하는 것들에 24시간 노출된 채 하루하루를 보낸다는 겁니다. '트렌디한' 아이템이 이거라고, 가장 '핫한' 아이돌이 이 사람이라고, 먹지 않으면 후회할 음식이 여기 있다고 방송국과 포털 사이트와 온갖 종류의 잡지들이 알려 주고 있잖아요.

우리를 자극하는 '신상'들 위를 마치 보이지 않는 미세한 거미줄처럼 에워싸고 있는 것은 자본의 욕망이자 그로부터 나오는 정치적 명령입니다. 특정 아이돌의 '굿즈'를 모으면 모을수록, 좋은 대학에 가기 위해 공부하면 할수록 더 강력한 목소리가 우리를 사로잡아요. 더 많이 쇼핑하라, 성공을 위해 더 열심히 공부해라, 최대한 돈을 많이 벌 수 있는 직업을 찾아라!

우리는 기꺼이 이를 수락합니다. 왜냐하면 그것이 억압과 폭력이 아니라 달콤한 권유와 조언, 호의로 가득 찬 매혹적인 초대처럼 여겨지니까요. 우리는 즐겁게 쇼핑하고 별다른 반항 없이 학교와 학원에서 수업을 듣습니다. 점점 더 열심히 그렇게 합니다. 이 모든 일이 자연스러운 이유는, 모름지기 사회 구성원은 사회체의 거대한 흐름과 맞물려 존재하고 행위하기 때문이지요. '대세'를 거슬러 사는 것은 바보 같은 일이고, 스스로를 위험에 빠뜨리는 일처럼 여겨지잖아요. 제도에서 '삐딱선'을 탄다는 것은 울타리에서 벗어나 늑대들 품으로 달려가는 양들처럼 어리석어 보이고요.

그런데 정말 그럴까요? 곰곰이 생각해 보면 우리는 너무 많은 것을, 그것도 당장의 삶과 직결된 문제들을 참 쉽게도 당연시하며 살아온 것 같지 않은가요? 좋은 대학에 가기 위해 열심히 공부하는 게 당연하고, 나이가 차면 취직하고 결혼하는 게 당연하고, 아파트와 자동차와 해외여행을 위해 일하고 저축하는 게 당연하다고 말이에요. 그런데 그게 왜 당연한가요? 그게 행복한 삶이라 말하는 게 휴일도 반납하고 독서실과 학원을 오가며 허덕대는 우리 몸인가요? 실은 온갖 광고와 캠페인, 자기 계발서가 아니었던가요? 당연하다고 말하는 순간 지금까지 줄곧 그 문제에 대해 별로 생각해 본 적 없었다는 것, 한 번도 질문하거나 의심해 보지 않았다는 것을 고백하는 게 아닐까요?

이 책은 이 같은 생각에서 시작되었습니다. 이러저러한 것을 사고 싶거나 해 보고 싶다는 마음, 잘 살기 위해 이러저러한 게 필요하다는 주장을 의심해 보고 싶었던 거죠. 그렇게 함으로써 몸에 딱 맞는 옷을 지어 입듯 살고 싶은 삶을 위해 움직일 수 있을 것 같았으니까요. 그래서 물었어요. 지금 우리 모두가 당연하다고 생각하는 것, 우리 삶을 공기처럼 에워싸고 있는 것, 그게 뭘까? 가장 근본적으로 우리 삶을 틀 짓고 있는 것은?

이렇게 묻고 또 물었더니 거기에 '국가'가 똬리를 틀고 있더군요. 공중도덕을 잘 지키는 시민, 학교에서는 성실한 학생이자 가정에서는 착한 아들딸, 장차 사회에서 훌륭한 일을 해내는 인간이 되어야 한다는 그 모든 당위를 가능케 한 것, 그것은 국가였습니다. 당당한 생산 주체이자 소비 주체가 되는 것이 국가 경제 발전에 기여하는 길이라 말하는 것, 그것은 국가였습니다. 국가 및 제도 바깥으로 벗어난 삶이 얼마나 무시무시한 것인지 겁을 주면서 국가야말로 삶을 유지하기 위한 근본 조건이라고 으스대는 것, 그것은 국가였습니다. 이렇게 말할 수도 있습니다. 위와 같은 모든 사고방식, 그 모두가 '국가적인 것'이라고.

그런데 지금껏 우리는 제대로 의심해 본 적이 없는 것 같아요. 어떻게 하면 더 나은 국가가 될 것인지는 한 번쯤 물어보았지만, 국가의 존재 자체에 대해, 존재 방식에 대해서는 한 번도 진지하게 물었던 적이 없어요. 당연한 것, 없어선 안 되는 것, 없으면 큰일 나는 것이라고 철석같이 믿고 있었을 뿐.

국가! 모두가 당연한 것으로 받아들이는 저 거대한 국가! 국가란 대체 뭔가요? 국가란 우리에게 무엇인가요?

16세기 잉글랜드의 지식인이자 정치인이었던 토머스 모어와 그의 대표작 『유토피아』가 우리에게 그 실마리를 제공합니다. 모어는 그야말로 삐딱선을 제대로 탔던 사람이라고나 할까요. 앞으로 차근차근 살펴보겠지만 모어는 잉글랜드를 자연스러운 것, 당연한 것으로 받아들이지 않았습니다. 그는 자신의 삶을 잉글랜드의 거대한 흐름과 일치시키길 거부하고 오히려 잉글랜드의 흐름에 대해 문제를 제기했지요. 이를 위해 자신이 머무는 장소, 즉 국정과 외교 문제를 논하는 왕궁, 진리를 탐구하는 학문의 장, 그리고 신에 대한 믿음을 최우선으로 삼는 교회를 관찰했답니다. 잉글랜드와 전혀 다른 곳, 그러니까 유토피아의 땅에서 말이죠.

그래서 지금까지 많은 독자들이 생각하길, 모어는 잉글랜드를 '개선'하고자 유토피아에 대해 썼다고 하지요. 상상의 나라 유토피아를 통해 당대의 잉글랜드를 비판하고자 했다고요. 하지만 저는 조금 더 당돌하고 적극적으로 이 책을 해석해 보기로 마음먹었습니다. 국가는 개선될 필요도 없고, 개선될 수도 없는 공동체라고 말이지요. 왜냐하

토머스 모어 독일의 화가 한스 홀바인(2세)이 1527년에 그린 초상화이다. 목걸이의 's'는 모어가 매우 높은 지위의 사람임을, 그리고 이 초상화가 그의 공식 초상화임을 드러낸다고 한다. 뉴욕 프릭 컬렉션 소장.

면 『유토피아』는 줄곧 개선을 말하는 것 같지만, 다른 한편으로는 가장 완벽하게 개선된 국가, 곧 '최선의 국가'란 '불가능한 국가'임을 보여 주고 있는 것 같기도 하니까요.

무슨 소린지 도통 모르겠다고요? 하지만 걱정 마세요. 앞으로 차근차근, 모어가 살았던 시공간부터 유토피아 제도의 이모저모, 그리고 국가와 정치에 대한 비전까지 이야기해 볼 참이니까요. 그러니 잠시 하던 '카톡'을 멈추고, 게임을 손에서 놓고, 책장을 넘겨 주세요. 책장을 넘기는 바로 그때부터 16세기 유럽 여행이 시작됩니다. 장담하건대, 마지막 쪽에 이르러 여러분은 이 여행이 곧 하나의 정치적 행위였음을 인정하게 될 거예요. 두고 보라고요!

| 차례 |

1장

『유토피아』,
황당하고 뜨거운 농담?

유토피아의 탄생

'유토피아'라는 단어 자체가 생소한 친구는 아마 없을 거예요. 토머스 모어가 1516년에 발간한 책 제목이 『유토피아』라는 사실은 알지 못했을지라도 이미 우리는 일반명사로 유토피아라는 단어를 사용하잖아요. 광고 문구나 드라마 대사에서도 종종 이런 문장이 나오곤 하죠. "당신의 유토피아는 어디 있습니까?"라든지 "유토피아를 현실로!" 혹은 "그건 너무 유토피아적인데?" 등등.

일차적으로 유토피아는 우리가 좋다고 여기는 환경이나 사회를 이르는 말입니다. 예컨대 모두가 서로 사랑하는 세상, 과도하게 욕심 부리지 않는 사회, 성적이 아니라 인성을 중시하는 학교, 늘 화목한 가정. 이런 것들이 대개 우리가 바라는 유토피아지요. 우리는 늘 충분한 사랑을 주고받지 못하고, 욕심을 부리는 바람에 회복하기 어려운 피해를 주고받으며, 성적 때문에 내내 전전긍긍하고, 부모님 혹은 형제 사이의 갈등으로 상처를 받곤 하니까 말이죠. 이렇게 볼 때 유토피아란 내가 지향하는 곳을 표시하면서 동시에 지금 여기 존재하는 내 삶에 대한 불만을 표현하는 도구라고 해도 되겠군요.

실은 모어가 맨 처음 『유토피아』를 구상했을 때 그 책의 제목은 '지혜의 여신 예찬' 혹은 '지혜 예찬'이었다고 해요. 그러다 차차 원고 형태를 갖추면서 몇 번 더 제목이 바뀌었답니다. 『유토피아』가 거쳐 온 다른 제목들을 한번 살펴보기로 할까요? 모어가 어떤 책을 쓰고 싶었던 건지, 유토피아에 어떤 다양한 의미들이 녹아들어 있는지를 이를 통해 짐작할 수 있을 테니까요.

어디에도 없는 세계

'지혜 예찬'. 이 제목은 모어의 지적 동지인 데시데리위스 에라스뮈스(Desiderius Erasmus, 1466?~1536)로부터 왔습니다. 혹시 그의 책 제목을 들어 보았나요? 바로 『우신예찬』이랍니다. 풍자문학의 대명사라고 할 수 있는 이 책은 어리석고 우둔한 신, 글자 그대로 우신(愚神)인 '모리아'를 화자로 내세웁니다. 도취와 무지와 게으름 등 지상의 인간들이 벌이는 온갖 어리석고 광기 어린 행태들을 칭찬하고 부추기는 우신을 통해 실은 그 시대의 종교와 정치, 학문 풍토를 조롱하는

에라스뮈스 초상화 한스 홀바인이 1523년에 그린 초상화이다. 에라스뮈스는 네덜란드에서 태어난 성직자이자 학자로 '인문주의자들의 왕자'라고 불리기도 했다. 파리 루브르 박물관 소장.

작품이죠.

이 책을 구상할 당시 에라스뮈스는 자신보다 아홉 살 어리고 국적도 다르지만 인문주의에 대한 뜻을 함께하는 학자, 모어를 떠올렸다는군요. '모어(More)'라는 이름에서 착안해 모리아(Moria)를 생각해 냈다는 거예요. 『우신예찬』에는 머리말을 대신해 에라스뮈스가 모어에게 보낸 편지가 수록되어 있어요. 그중 한 대목을 잠시 볼까요.

> 친구들을 추억하는 가운데 누구보다 특히 모어 씨, 당신을 떠올렸습니다. 우리가 마주 앉아 서로 이야기를 나누던 때, 맹세하건

대 그때가 내 생애 가장 달콤한 순간이었는바, 서로 멀리 떨어져 있는 우리는 꼭 그때처럼 이렇게 추억 속에서 함께 시간을 보내게 되었습니다. 그리하여 무언가 우리가 해야 할 일을 찾아야 했고, 그렇다고 진지한 대화를 하기에는 여건이 적절치 않아 장난삼아 우신예찬을 생각하게 되었습니다. "도대체 어떤 팔라스(아테네)가 그런 생각을 당신에게 불러일으켰습니까?"라고 당신은 물을 것입니다. 우선 모어라는 당신 존함이 나로 하여금 이를 떠올리게 하였습니다. 당신 본인이야 어리석음과 거리가 멀고, 만인이 투표를 하더라도 당신은 어리석음에서 가장 멀리 떨어져 있는 사람이겠지만, 모어라는 당신 이름은 우신을 뜻하는 그리스어에 가깝기 때문이었습니다.

이렇게 하여 세기를 초월한 고전이 탄생합니다. 우신을 통해 에라스뮈스는 아주 교묘하고도 강도 높게 국왕과 정치인, 법학자, 성직자들을 비판할 수 있었던 거지요.

이 작품을 완성한 뒤 에라스뮈스와 모어는 다음번 장난을 계획합니다. 이번에는 모어의 차례였어요. 에라스뮈스의 지적이고 강력한 글에 대한 답장, 우신에 대한 대항마로서 모어가 내놓기에 가장 적절한 것은 지혜의 여신, 소피아였지요. 이를 위해 모어는 오랜 기간 자료를 수집하고 정리했다고 합니다.

모아 놓은 자료를 바탕으로 본격적인 글을 쓰기 시작한 것은 『우신예찬』이 나오고 4년이 지난 뒤였습니다. 당시 모어는 업무차 안트베르펜이라는 지역에 머물렀는데, 바로 그때 신세계 발견을 모티프로 한 모험소설 형식이라는 아이디어가 떠올랐지요. 디아스가 발견한 희망봉이나 콜럼버스가 발견한 아메리카 대륙과 달리 실제로는 어디에도 없는 세계, 모어는 그러한 가상의 세계를 마치 존재하는 것인 양 능청스럽게 그려 내자고 마음먹었던 거예요. 유머를 좋아하는 에라스뮈스는 이 기획에 아마 껄껄 웃었겠지요.

자, 이렇게 하여 이 책에 두 번째 제목이 붙여집니다. 그것은 '누스쿠아마(Nusquama)', '아무 데에도 없는 곳'이라는 의미를 지닌 라틴어식 단어였습니다. 에라스뮈스와 모어는 이 책을 두고 이렇게 표현했다고 해요. "우리들의 누스쿠아마……."

그럼에도 불구하고

그런데 이 '누스쿠아마'라는 단어는 재미난 상상 속 세계를 의미하는 데서 그치는 것 같지는 않습니다. 이 제목에는 꽤 비관적이고 냉정한 판단이 담겨 있다고도 볼 수 있어요. 조금 전에, 이 책의 첫 번째 제목이 '지혜 예찬'이라고 했죠? 모어와 에라스뮈스는 이렇게 묻는 듯합니다. "우리가 예찬해야 할 지혜는 지금 어디에 있는가, 우리는 어디에서 지혜를 찾을 수 있는가?" 그러고는 둘이 입을 모아 답하지요. "누스쿠아마……."

왜 이렇게 말했을까요? 아마도 모어와 에라스뮈스가 살았던 시대가 너무나 어두웠기 때문일 겁니다. 우신을 기쁘게 하는 광기와 어리석음은 사방팔방에서 날뛰는데, 어찌 된 일인지 진정한 지혜는 도무지 보이지 않습니다. 정치인도 학자도 지혜롭지 않습니다. 그들은 평민보다 학식이 높고 삶을 위한 '정보'는 많이 가지고 있을지 몰라도 지혜로운 삶을 살지는 않으니까요.

사제와 종교학자들은 또 어떤가요? 에라스뮈스가 보기에 그들은 누구보다 광기에 물들어 있습니다. 다른 생각과 다른 시선이 존재한다는 것 자체를 견디지 못하고, 오직 자신들이 믿는 한 가지만을 세상에 강요한다는 점에서 말이지요. 조금만 다른 점을 보여도 '이단'으로 치부해 잡아들이고 고문하는 그들은 신성함과 가장 멀리 떨어져 있는 자들이에요.

가장 합리적으로 보이는 정치·사회·경제 제도는 그럼 어떤가요? 그보다 더 인간의 삶에 불합리한 규칙은 없을 거라고 에라스뮈스와 모어는 입을 모아 말합니다. 그 제도들 때문에 농민은 땅을 잃고 도시 거주민은 거지가 되고 범죄는 갈수록 늘어 가는데 성직자와 귀족은 점점 더 뚱뚱해지니 말이죠.

자, 그래서 누스쿠아마입니다. 지혜? 지혜로운 세상? 오, 그건 어디에도 없다!

하지만 우리는 모어가 '그럼에도 불구하고' 이 책을 완성하고자 했다는 데에 주목해야 해요. '진정한 지혜? 이 세상에 그딴 건 없어!'라

고 생각하고 말았다면 이런 책을 쓰지도 않았겠죠. 그랬다면 그저 팔짱을 낀 채 미쳐 날뛰는 세상을 바라보며 조소하거나 함께 미쳐 날뛰어야 하지 않았을까요? 그런데 모어는 그 '없는 지혜'를 만들거나 최소한 발견해 보자 마음먹었던 모양입니다. 하여 그는 자신의 조국인 잉글랜드 땅이 아니라 어딘가 다른 세계로 갈 필요가 있었던 거예요. 즉, 어디에도 없는 땅으로 말입니다. 지금 여기에는 존재하지 않지만 그 다른 땅에서는 존재하는, 그래서 그 땅을 바르게 다스리는 지혜를 찾아서.

최종적으로 확정된 그 세계의 이름이 '유토피아(Utopia)'입니다. '장소'를 뜻하는 그리스어 'topia'에 '없다'라는 뜻의 그리스어 'ou'를 붙여 모어가 직접 고안해 낸 지명이죠. 아직 어디에도 없는 지혜가 존재하는 땅, 지도 어디에서도 찾아볼 수 없는 그 땅의 이름, 유토피아. 우리에게는 이제 일반명사가 된 이 단어는 모어의 고민과 고심 끝에 탄생한 고유한 지명이었던 거예요.

이렇게 볼 때 모어는 『유토피아』가 단지 불가능한 것에 대한 잠깐의 몽상으로 그치길 원치 않았던 것 같습니다. 세상 어디에도 없는 곳인 유토피아는 동시에 우리가 생각할 수 있는 가장 좋은 곳이죠. 물론 이 두 가지는 서로 충돌할 수밖에 없어요. 가장 좋은 곳이면 뭐합니까? 존재할 수 없는 곳인데. 반대로, 영원히 존재하지 않는다는 것도 불가능한 거 아닌가요? 우리가 생각하는 가장 좋은 곳이라면 아주 오랜 시간이 걸려서라도 그곳으로 향하게 될 테니까 말입니다.

『유토피아』가 적극적인 질문과 고민들을 이끌어 내는 책이라고 말할 수 있는 것도 이 때문입니다. 이 책을 읽으며 독자는 자꾸 묻게 되는 거지요. 살기 좋은 세계란 어떤 곳이지? 그런 세계가 현실적으로 가능한가? 우리는 왜 그런 곳을 꿈꾸지? 지금 우리가 사는 세계는 그럼 어떤 곳이지? 자, 나는 이제 무엇을 해야 하나?

이렇듯 가장 좋은 세계를 상상함으로써 지금 여기를 돌아보게 하는 책, 그리고 당장 무엇을 해야 하는지 적극적으로 묻고 상상하게 만드는 책, 바로 이제부터 우리가 함께 살펴볼 『유토피아』입니다.

유토피아의 양 날개

이제 본격적으로 모어의 『유토피아』에 대해 이야기해 볼까요? 구체적인 내용으로 들어가기에 앞서 일단 책의 구성부터 살펴볼까 해요. 모어의 집필 의도와 그의 사상이 구성에서도 명확하게 드러나 있다는 사실을 여러분도 확인할 수 있을 거예요. 아울러 워밍업 삼아, 모어가 진단했던 자기 시대에 대해서도 살짝 들여다봅시다.

디스토피아와 뒤집힌 디스토피아

에라스뮈스가 충실한 기독교 학자답게 교회 제도와 사제들에 대해 유독 분노한 것처럼, 법학자이자 정치인이었던 모어는 권력의 문제

및 국정 전반에 대한 그 나름의 문제의식으로 『유토피아』를 집필했습니다. 그래서 이 책 전체를 관통하는 문제는 바로 왕과 통치, 국가 제도랍니다. 이 주제어를 가지고 그는 크게 1부와 2부로 구분해, 1부에서는 당시 잉글랜드의 상황을, 2부에서는 가상의 나라 유토피아의 관습과 제도 전반을 다루었습니다.

우리 눈앞에 한 권의 책이 있다고 상상해 볼까요? 아름다운 장정의 책이 책상 위에 세워져 있습니다. 다른 것에 기대지 않은 채 서 있으려면 책의 정중앙을 기준으로 양 날개가 펼쳐진 듯한 모양이어야 하죠. 이 두 날개는 직각을 이뤄 서로를 마주 보고 있어요. 마치 중세 시대에 많이 그려진 두 폭짜리 연결 도판, '이면화'처럼 말이에요.

자, 이제 왼쪽 날개의 페이지들이 1부의 내용을 이루고, 오른쪽 날개의 페이지들이 2부의 내용을 이룬다고 상상합시다. 1부와 2부에 빈번하게 등장하는 단어들을 볼까요? '통치', '법률', '재산', '전쟁' 등이군요. 하지만 그 내용은 사뭇 달라요. 1부에서 통치자는 자신이 듣고 싶은 말만 듣고, 듣고 싶은 말을 해 주는 신하들만 곁에 두고, 자신의 존재 의의를 증명하기 위해 전쟁을 일삼지요. 극소수의 귀족들은 게으름을 피우며 농민들의 고혈을 짜내고, 가난한 사람들은 생존을 위해 범죄를 저지르며, 나라는 그런 가난한 범죄자를 엄중히 처벌하느라 부산합니다.

반면 2부에서 통치자는 잦은 선거를 통해 바뀌는 데다가 돈이나 명예를 얻지도 못합니다. 시민들은 일정 시간 동안의 의무 노동을 제외

연결된 두 폭 성화 폴란드 중부의 도시 사노크 역사박물관에 있는 이면화. 따로 떨어져 있는 두 개의 화폭이 마주 보는 형태로 연결되어 있다.

하고는 하루의 대부분을 학문과 여가를 위해 사용하고요. 사유재산 제도가 없어 경제적 차이가 전무하고, 황금은 요강을 만드는 데에나 쓰이므로 누구 하나 악착같이 돈을 모으려고 하지 않아요. 서로 마주 보고 있는 두 면의 그림이 이처럼 아주 대조적인 양상으로 존재하고 있네요.

1부에서 묘사되는 세계는 온갖 부조리와 병폐로 가득 차 있어 거기 사는 사람들의 고통을 어렵지 않게 그려 볼 수 있습니다. 무시무시한 건 이 세계가 곧 모어가 바라보는 현실이라는 점, 그러니까 한낱 괴담이 아니라 실제 사람들이 사는 '리얼 월드'라는 점이죠. 올더스 헉슬

리나 조지 오웰 등의 후대 작가들이 소설 속에서 미래의 가상 세계를 암울하게 그린 것과 대조적으로, 모어는 자기 시대를 가장 암울한 것으로 바라보고 있었어요. 유토피아와 정반대되는 세계라는 의미에서 이를 '디스토피아(Dystopia)'라 부를 수 있지요. '불완전한'을 뜻하는 'dys'와 '장소'를 뜻하는 'topia'의 합성어로, 그러니까 디스토피아는 우리가 꿈꾸는 그런 세계의 반대편에 있는 결함 있는 세계, 가장 짙은 어둠에 잠식된 세계라는 뜻이에요.

1부 디스토피아 안에서 제기되는 문제들이 완벽하게 극복된 사회로서 2부의 유토피아가 제시되어 있다고 많은 학자들이 해석합니다. 말하자면 유토피아는 디스토피아의 반전상인 셈이죠.

그런데 가만 보면 1부 안에서도 잉글랜드의 문제가 극복된 다른 세 국가가 이미 언급되고 있답니다. 다만 유토피아가 총체적 이상 세계라면 이 세 나라는 잉글랜드가 안고 있는 고질병 중 한 가지를 극복한 부분적 이상 세계인 셈이지요. 그래서 이 국가들을 '마이크로-유토피아'라 부르기도 해요.

흠인가, 여지인가?

이렇게 보건대 모어는 자신의 책 속에서 상이한 세계들이 서로를 비스듬히 비출 수 있기를 바란 것 같습니다. 같은 테마로 느슨하게 연결된 두 폭의 그림처럼 놓인 서로 다른 세계를 오가면서 독자들 스스로 현실 사회의 문제와 한계를 절감하고 그것을 극복한 새로운 세계를 상상할 수 있도록 말이죠. 어쩌면 당시 독자들은 이 책을 읽으며 다음과 같은 질문을 한 번쯤 해 보지 않았을까요? 철학에 문외한이고 전쟁을 일삼는 왕이 없는 나라란 어떤 세상일까? 왕이 철학 공부를 하는 곳? 전쟁을 싫어하는 왕이 지배하는 곳? 혹은 아예 왕이 사라진 곳? 하지만 동시에 이런 질문을 하지 않을 수 없지요. 그게 어떻게 현실적으로 가능해? 게다가, 국왕 한 사람이 사라진다고 정말 이 세계에서 전쟁이 사라지고 착취가 사라질 수 있는 거야? 어쩌면 그런 국왕을 대신해 새로운 악폐가 출현하지는 않을까?

이처럼 모어의 두 폭짜리 그림 앞에서 우리는 거의 매 순간 꿈의 현실 불가능성을 절감하게 됩니다. 당시의 영민한 독자들도 이렇게 생각했을 거예요. 오른쪽 날개가 비추는 세계에서 살기란 불가능해. 심지어 진짜 좋은 세상인지도 의심스러워. 만약 평등한 삶을 위해 모두가 똑같은 옷을 입고 똑같은 곳에서 밥을 먹어야 하는 세상이라면 그건 잉글랜드의 불평등한 삶과는 또 다른 측면에서 디스토피아 같아…….

이를 『유토피아』 자체의 한계로 치부할 수도 있겠습니다만, 어쩌면 이것이야말로 이 책이 갖는 최대의 강점인지도 모릅니다. 왜냐하면 독자들의 의심과 질문을 부추겨, 보다 적극적으로 책을 읽고 입체적으로 유토피아에 대해 생각하도록 이끄니까요. 여러분 역시 『유토피아』를 읽는다면 1부를 읽는 동안에는 마이크로-유토피아를 상상하

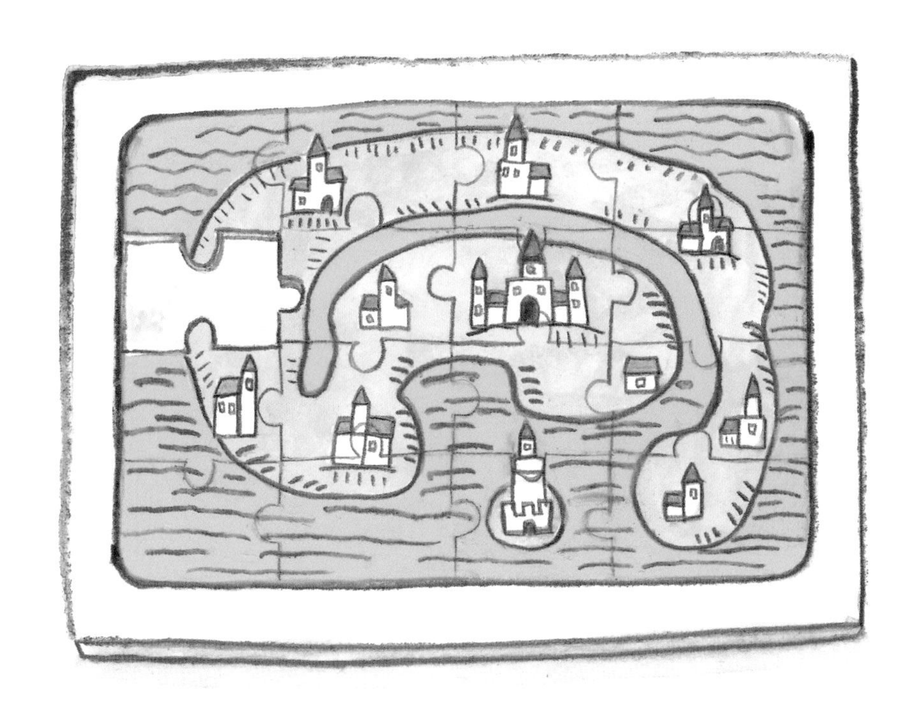

고, 2부를 읽는 동안에는 완벽한 세계에 대해 생각하고 다시 의심하고 수정하는 작업을 '자기도 모르게' 하고 있는 스스로를 발견하게 될 겁니다.

말하자면 『유토피아』의 틈은 결코 '흠'이 아니라 차라리 '여지'입니다. 독자가 보다 적극적으로 사유할 수 있도록 하는 여지, 여러 세계를 스르르 움직이고 재조립할 수 있도록 하는 여지, 이 한 권에 담긴 이야기가 끊임없이 다면체로 거듭날 수 있게 하는 여지 말이에요. 평이한 문장들로 이루어진 이 얇은 책을 수많은 학자들이 난해한 저서로 간주하는 까닭도 여기 있을 겁니다.

알려진 바에 따르면 모어는 2부를 먼저 쓴 뒤 나중에 1부를 추가로 집필해 덧붙였다고 하는데요, 만약 1부가 없었다면 어땠을까요? 그랬더라면 『유토피아』는 틈도 없고 입체감도 없는, 한날 시간 죽이기용 농담집이 되고 말았을 것 같네요.

발칙한 페이크 견문록

『유토피아』의 형식적 특성에 대해 한 가지만 더 말해 두고 싶습니다. 앞에서도 말했듯 이 책은 여행기 형식을 갖추었으되 여행기가 아닌 요상한 책입니다. 여행 자체가 허구이며, 여행한 장소 또한 존재하지 않는 곳이니까요. 이런 형식을 통해 모어가 꾀한 것이 대체 무엇이었을까요?

라파엘 히슬로다에우스를 불러내다

헨리 8세에게 임명되어 공직 생활을 하던 모어는 어느 날 자신의 친구이자 에라스뮈스의 제자인 피터 힐러스를 만나기 위해 안트베르펜을 방문합니다. 그와 만나면 언제나 즐겁고 지적인 대화를 나눌 수 있

『유토피아』 1581년 출간본 삽화 그림 가운데 섬이 유토피아이고, 왼쪽 아래에서 손을 들고 설명하는 사람이 히슬로다에우스이다.

었으므로 모어는 기대감에 가득 차 있었지요. 그런데 그곳에서 모어는 예상 밖의 인상적인 만남을 갖게 되는데요. 그을린 피부에 수염으로 뒤덮인 얼굴, 그리고 대충 걸친 옷자락으로 보아 뱃사람으로 짐작되는 남자가 그 상대였습니다. 이 사람의 이름은 '라파엘 히슬로다에우스'. 신대륙 발견자로 익히 알려진 아메리고 베스푸치와 함께 항해한 포르투갈인입니다. 피터 힐러스는 그를 이렇게 소개하고 있습니다. 단순한 뱃사람이 아니라 철학을 하면서, 혹은 철학적으로 여행하는 사람. 알고 보니 히슬로다에우스는 라틴어와 그리스어에 능통하며 고대 철학자들의 사상을 연구한 사람이었던 겁니다.

『유토피아』의 전체를 여는 두 페이지가량의 글이 이렇듯 히슬로다에우스와의 첫 만남에 온전히 할애되어 있습니다. 모어는 아주 소중한 만남에 대해 들려주려는 듯 찬찬한 어조로 당시를 회고하고 있지요. 아마 그래서였을 겁니다. 현대의 독자는 더 이상 그렇지 않지만, 모어의 친구들을 제외한 그 당시 독자들은 추호도 생각하지 않았을 거예요. 히슬로다에우스가 전적으로 모어의 상상으로 빚어낸 가상의 인물이리라고는 말이죠.

하지만 그리스어를 조금이라도 아는 사람이라면 금세 낌새를 챘겠지요. 왜냐하면 히슬로다에우스라는 이름에 이미 모어의 위트가 배어 있으니 말입니다. 'Hythlodaeus'는 '난센스'를 뜻하는 그리스어 'huthlos'와 '나눠 주다'는 뜻의 'daien'의 합성어로서, '난센스를 나눠 주는 사람', 즉 '장난 내지는 가당치 않은 소리를 퍼뜨리는 사람' 정도의 뜻이거든요. 그러니까 모어는 가상 인물 히슬로다에우스를 등장시켜 지금까지 전혀 발견된 바 없고 어디에서도 존재 증거를 찾을 수 없는 나라에 대해 이야기하려고 했던 거지요. 그야말로 농담, 허튼소리가 이제 막 시작되려는 참이에요.

하지만 책 속에서 모어는 짐짓 진지한 어조와 표정으로 히슬로다에우스를 거명하고 그와의 대화를 회고합니다. 그의 입을 빌려 아메리고 베스푸치도 모르는 신세계에 거주하는 미지의 민족들의 삶을 묘사하고, 그 세계가 이곳 잉글랜드와 얼마나 다른지 설명하지요. 심지어 책 바깥에서조차 모어는 그렇게 합니다. 무슨 소리냐고요? 출판

된 『유토피아』 한 권과 함께 동봉해 보낸 편지에서 그가 피터 힐러스에게 한 이야기를 잠시 들여다봅시다.

> 내가 기억하기로는 아마우로툼의 아니드루스 강에 놓여 있는 다리 길이가 500보 정도라고 히슬로다에우스 씨가 말했습니다. 그런데 그때 함께 있었던 하인 '존'은 내가 200보나 더 크게 말했다는 것입니다. 그러니까 실제 그 강은 300보 정도라는 것이지요. (…) 그렇지만 당신이 라파엘 씨에게 그 일에 대해 물어보면 모든 문제가 깨끗이 풀리겠지요. 그 사람이 아직 근처에서 지낸다면 직접 물어보시고 그렇지 않으면 편지로 물어보시든지요. 그리고 내 잘못인지 혹은 라파엘 씨의 잘못인지 확실치는 않으나, 도대체 유토피아가 신대륙의 어느 지역에 있는지 우리가 물어볼 생각도 안 했고 라파엘 씨 역시 이야기하려고 하지 않았더군요. 이 섬에 있는 바다에 대해 내가 그렇게 많은 이야기를 써 놓고도 그 바다의 이름조차 알려고 하지 않았다는 것이 부끄럽습니다.

이 정도면 장난에 관한 한 완벽주의자(?)이거나 아니면 현실과 몽상을 구분하지 못하는 심각한 환자이거나 둘 중 하나라고 생각할 만하죠. 그런데 초록은 동색이라고, 피터 힐러스와 에라스뮈스 등 모어의 친구들 역시 짐짓 태연하게 이런 답장을 보냅니다. "음, 내 기억에 그때 라파엘은 이렇게 말했는데.", "아 참, 히슬로다에우스 씨가 나한

테 이런 걸 보여 주었는데 말이지…….” 참으로 대단한 능청꾼들 아닌가요?

모어의 페르소나

아무튼 이 책에서 히슬로다에우스는 소위 반골 기질의 소유자로, 특히 기존의 정치 질서에 대해 대단히 비판적인 인물로서 등장합니다. 때문에 도입부에서 그의 예리한 지성과 풍부한 경험에 감탄한 피터 힐러스가 정치계에 입문해 왕을 도울 것을 권하자 이렇게 대꾸하지요. “나보고 국왕의 노예 생활을 하라고요? 게다가, 당신은 궁정이 어떤 곳인지 모른단 말인가요?”

> 다른 모든 사람들을 시기하고 자신만이 옳다고 생각하는 자들이 가득한 궁정에서 어떤 사람이 다른 시대의 일들에 대해 책을 통해 안 내용이든지 혹은 어느 먼 곳에서 직접 본 사실을 이야기한다고 합시다. 그러면 다른 보좌관들은 그런 제안에 대해 트집 잡지 않는 한 자신이 현명하다는 평판이 흔들리고 자신이 마치 바보처럼 보인다고 생각합니다. 만일 그런 트집 잡기가 모두 실패로 돌아가면 대개 이런 말을 해서 피해 버립니다.
> “우리는 언제나 해 왔던 방식대로 할 뿐입니다. 이 관습은 우리 조상 대대로 타당한 것이었고 그래서 우리도 우리 조상들만큼

현명하기를 바랄 뿐이오."

그렇게 말함으로써 아주 현명한 결론을 내린 듯 여기고 자신들이 대단히 사려 깊은 사람인 척하면서 자리를 보존하는 것입니다. 그 사람들 식이라면 어떤 점에 대해서든 조상들보다 누군가가 더 현명해 보이면 아주 위험한 일인 것 같습니다.

정치 참여에 대한 이 대단한 회의주의를 모어의 실제 삶과 결부해 생각해 보는 것도 재미있을 겁니다. 말했다시피 그는 정치인이었고 훗날에는 헨리 8세를 곁에서 보필한 사람입니다. 그러다 끝내 왕에 의해 참수당하고 말지요. 모어는 정치 이론가의 궁극적 역할은 군주의 조언자라고 생각했지만, 그 결과를 낙관적으로 전망할 만큼 순진한 사람은 결코 아니었습니다. 궁정에 들어가 입을 놀린다는 것은 언제나 목숨을 담보로 해야 하는 일이었지요. 하지만 모어는 결국 궁정 입성을 수락합니다. 마치 "내 말에 아무도 흥미가 없을 테고 또 믿기지도 않을 텐데요."라고 말하면서도 결국에는 기나긴

이야기를 정성껏 들려준 히슬로다에우스처럼 말입니다. 어쩌면 히슬로다에우스는 모어의 진정한 페르소나일지도 모르겠어요. 나 한 사람, 내 말 한마디로 세상이 바뀔 리 없다는 것, 심지어 그 누구도 내 말에 귀 기울이지도 않을 수 있다는 것을 잘 알지만, 그것이 지금 내가 입을 다물고 아무것도 하지 않을 이유가 되지는 않는다는 것을 모어도 알았던 거지요.

모어가 이 책을 집필할 당시는 궁정에 들어가기로 결심한 직후였답니다. 2부 집필을 마친 뒤 1부를 쓸 무렵은 마음을 완전히 굳히고 런던으로 돌아왔을 때죠. 그렇게 결심한 후인데도 히슬로다에우스의 입을 빌려 앞의 인용문과 같이 말했던 겁니다. 이런 정황을 떠올리노라면 당시 모어가 내린 결단의 무게가 더욱 실감이 나지요?

동등한 두 세계, 잉글랜드와 유토피아

그럼 작품 속 히슬로다에우스는 어땠을까요? 그는 그야말로 배가 고파 쓰러질 지경이 될 때까지 이야기를 들려줍니다. 그나마 대화 형식으로 전개되는 1부에서는 중간중간 모어가 끼어들어 말을 하기도 합니다만, 2부에 접어들어서는 아예 히슬로다에우스 혼자 기나긴 웅변을 하듯 유토피아에 대해 설명하지요.

2부에 진입하고 나서야 독자는, 히슬로다에우스라는 신대륙 탐험가를 고안한 것은 가히 '신의 한 수'라는 생각을 하며 감탄하게 됩니다. 일단 그가 실감 나게 전하는 자연 풍광과 그곳의 관습 따위를 듣고 있노라면 이를 도저히 가짜라 생각할 수 없게 되니까요. 유토피아의 존재를 전적으로 믿지 않던 독자들도 그의 이야기에 속수무책 빨려 들어갑니다. 『유토피아』 2부는 하나의 견문록입니다. 물론 허구 세계에 대한 견문록, 그러니까 발칙하기 짝이 없는 '페이크 견문록'이지요. 모험소설의 흥미진진함과 현실에 대한 비판적 시각을 겸비한 『유토피아』는 200여 년 뒤에 쓰인 조너선 스위프트의 모험소설 『걸리버 여행기』의 선조라 할 만합니다.

짐작하건대 모어는 유토피아의 지리와 역사에 대해 최대한 공들여 묘사함으로써 이곳 또한 실재하는 하나의 세계임을 설득하고자 했던 것 같습니다. 대단한 학식과 견문을 갖춘 히슬로다에우스는 설득력 있는 어조로 잉글랜드의 부조리함을 지적하고, 이어 유토피아의 본받을 만한 제도를 설명한 뒤 그에 대한 논평까지 덧붙입니다. 그러니까 잉글랜드와 유토피아는 서로 대등하게 존재하는 두 개의 독립된 세계입니다. 적어도 이 책 안에서만은 두 세계가 마치 대립된 주장을 펼치는 두 명의 토론자처럼 서로를 마주 보고 있는 거지요. 마치 잉글랜드에서 정치를 하는 모어, 그리고 유토피아의 정치를 두루 보고 온 히슬로다에우스처럼 말입니다.

모어의 주장이 타당할까요, 아니면 히슬로다에우스의 주장이 더 타당할까요? 현실적으로 볼 때 잉글랜드가 더 나은 세계일까요, 유토피아가 더 나은 세계일까요? 실제 저자 모어가 아니라 작품 속 등장인물인 모어는 히슬로다에우스의 이야기에 대해 시큰둥한 반응을 보이고 있습니다. "당신이 주장하는 그런 제도로는 나라가 부유해질 수 없다."고도 하고, "유토피아의 관습과 법 가운데 적지 않은 것들이 부조리해 보였다."고도 하지요.

솔직히 둘 중 어느 한쪽의 손을 확실하게 들어주기란 아무래도 쉽지 않습니다. 아마도 그것이, 히슬로다에우스에 대해 제기될 수많은 반문을 자신이 미리 내놓음으로써 모어가 바란 일 아니었을까요? 그가 보기에도 잉글랜드는 수많은 문제점을 가지고 있는 곳이고, 그렇다고 유토피아가 완벽한 대안은 아니었던 것 같거든요. 어쩌면 그가 우선적으로 원한 작업은, 일단 두 세계를 모두 앞에 놓고 찬찬히 묻고 따져 보는 것 아니었을까요?

토머스 모어의 생애

1478년, 법률가 존 모어의 맏아들로 태어난 토머스 모어는 당시 많은 아이들이 그랬던 것처럼 12세가 되던 해에 모턴 경의 집에 머물며 공부했다. 당시 캔터베리 대주교였던 모턴 경은 모어가 뛰어난 소년임을 알아보고 1492년에 그를 옥스퍼드 대학에 입학시켰다. 옥스퍼드 대학 시절 모어는 라틴어, 그리스어, 수사학 등을 익히는 데 열중했다.

아버지의 뒤를 이어 법률가의 길을 걷고자 한 모어는 16세에 옥스퍼드를 떠나 링컨 법학원에서 법학을 공부했다. 어렵지 않게 법률가가 된 모어는 23세에는 법학 교수가 되어 법학을 가르치기 시작했다. 그가 에라스뮈스를 처음 만난 것은 이 시절의 일로, 그들은 나이 차가 열두 살이나 되었으나 런던에서 처음 만난 이후 깊은 우정을 나눈다. 『우신예찬』과 『유토피아』는 두 사람이 공유한 소명, 그리고 그들이 나눈 우정의 산물이다.

그런데 어찌 된 일인지 모어는 법률가의 길을 떠나 사제의 길을 걷기로 결심한다. 세속에서 인간의 문제를 해결하는 데 깊은 회의를 느끼고 영혼의 문제를 탐구해 보기로 결심했던 것일까? 아무튼 그는 카르투지오회 수도원에서 4년간 머물며 사제 시험을 준비했다. 이때 그는 하루의 대부분을 기도와 명상, 그리고 시험공부로 보냈다.

재미있게도 모어는 사제의 길을 접고 다시 현실로 나오기로 결심한다. 당시 20대 청년이었던 모어도 아마 수많은 삶의 가능성을 시험해 보길 원했으며, 가 보지 않은 길에 대한 호기심이 가득했던 것인지도 모른다. 세속 세계로 나온 그는 1504년에 17세 소녀와 결혼했고, 이때부터는 아내와 네 자녀를 교육하는 데 정성을 쏟는다. 그에게 가정은 또 하나의 대학이었다. 그는 직접 가족들을 가르쳤고, 다양한 교사들을 불러 가족들의 수업을 부탁하기도 했다.

토머스 모어의 마지막 순간 한스 홀바인의 판화. 그림 아랫부분에 있는 황제봉과 도끼날이 모어의 마지막 순간을 비유적으로 말해 준다.

1504년은 그가 처음으로 정치에 입문한 때이기도 하다. 정치 이론가였던 모어가 하원 의원이 되어 왕의 곁에서 실제 정치를 펼치게 된 것이다. 그는 헨리 7세에 이어 헨리 8세를 보필하게 되면서 런던 시정을 감독하는 '사정장관보'라는 직책을 맡게 되었고, 중요한 외교 문제를 담당했다.

승승장구하던 그의 정치적 행보가 가로막힌 건 종교적 신념 때문이다. 1531년, 헨리 8세는 종교개혁을 단행, "영국 교회는 앞으로 교황청과 결별할 것이며 국왕 본인이 곧 교회의 수장"이라고 선포하기에 이른다. 정통 가톨릭교도였던 모어는 이에 반대하여 교회와 국왕의 독립적이고 균형 있는 통치를 주장한다. 모어는 반역죄로 런던탑에 갇히고, 결국 1535년 7월에 열린 재판에서 사형을 선고받는다. 그가 참수된 것은 그로부터 5일 뒤였다. 죽기 전 그가 슬퍼하는 친구에게 남긴 유언은 "천국에서 다시 만나자."였다고 알려져 있다. 또한 사형집행인에게 "내 목은 짧으니 조심해서 자르시오."라고 농담까지 하며 마지막까지 담담하고 품위 있는 모습을 잃지 않았다.

로마교황청은 탄압에 굴하지 않았던 모어의 굳건한 신념을 기리기 위해 그가 형장의 이슬로 사라진 지 400년인 1935년, 그에게 성인 칭호를 내렸다.

2장

유토피아가 움튼 곳

위기의 중세

1장에서는 모어가 『유토피아』를 쓰게 된 까닭과 작품의 구성, 형식적 특성을 살펴보았는데요. 2장에서는 『유토피아』 1부에 거론되는 이야기를 중심으로 당시의 시대적 상황을 좀 더 살펴보려 해요. 모어의 눈으로 본 16세기 유럽과 잉글랜드의 모습을 통해 유토피아의 좌표를 입체적으로 파악할 수 있지 않을까요? 이를 위한 첫 번째 키워드가 바로 '위기의 중세'입니다.

두 개의 권력, 교회와 왕정

모어가 살았던 중세 말 유럽은 어떤 곳이었을까요? 침묵과 암흑의 시대로 규정하는 역사학자들이 있을 정도로 중세는 힘든 시기였습니다.

19세기 말과 오늘날의 노트르담 대성당 고딕 양식은 12~15세기 무렵 서유럽에서 주로 교회 건축물을 중심으로 형성된 미술 양식을 가리킨다. 높고 뾰족한 첨탑이 가장 큰 특징이다.

모어가 살았던 때는 더욱 혼란스러웠을 것입니다. 천 년 동안 지속된 거대한 시대가 저물어 가던 무렵이었고, 유럽에 전에 없던 사람들과 사상들이 출현할 즈음이었으니까요.

중세의 혼을 상징적으로 보여 주는 것 중 하나가 고딕 성당이죠. 독일의 쾰른 대성당과 프랑스 파리의 노트르담 대성당 등이 고딕 양식으로 건축된 성당이에요. 한번 상상해 볼까요? 우리는 13세기에 영주의 땅을 부쳐 먹고사는 농가의 아들딸입니다. 새벽같이 일어나 가축들을 살피고 농작물을 살펴야 하지요. 해가 뜨거워지기 전 서너 시간 동안 허리를 굽혀 잡초를 뽑고 자갈을 골라내다, 잠시 쉬기 위해 허리를 곧게 펴면 작은 숲 너머로 성당이 보입니다. 마을에서 흔치 않은, 아주 높고 거대한 건축물이지요. 단단한 돌로 높이 쌓은 성당은 무려

3층으로 지어진 데다 각 층마다 천장이 아주 높고, 무엇보다도 천상의 말씀을 바로 수신하는 안테나처럼 바짝 솟은 첨탑이 있어 이 마을 어디서나 그것을 볼 수 있습니다. 땅바닥에 납작하게 엎드려 있는 우리 집과 달리 하늘 높이 수직으로 뻗어 있는 성당은 신과 직접적으로 접속할 수 있는 장소처럼 보이죠.

나는 글자도 깨치지 못했고 학교에도 다니지 않지만 저 성당만 보면 신의 가르침을 절로 배우는 기분이 들어 마음이 경건해집니다. 종이나 양피지로 된 책 대신 돌로 쌓아 올린 거대한 건축물이 우리의 교과서인 거죠. 신의 말씀과 인간에 대한 신의 깊은 사랑이 돌 하나하나에 새겨져 있으니까요. 굶주림, 힘겨운 노동, 질병에 대한 공포 등으로 고통스러운 현세의 땅에서 우리가 버틸 수 있는 것은 바로 저 성당의 가르침 때문입니다. 현재의 고통을 상쇄해 줄 내세의 구원에 대한 믿음, 신에 대한 맹목적 존경과 복종은 이렇게 하여 모든 사람들의 정신에 깃듭니다.

당시 교황과 사제들이 백성들의 믿음과 윤리 등등에 끼친 영향은 실로 막대했답니다. 하지만 교황 혼자 유럽 땅을 독식할 수는 없었습니다. 왜냐하면 농가의 자식들에게는 신만큼이나 눈치를 살펴야 하는 또 다른 존재가 있었으니까요. 논밭의 실제 주인, 바로 영주들입니다. 기사 계급에 속하는 영주들은 자신의 토지, 그리고 그 토지를 부쳐 먹고사는 농민들을 관리하는 사람들이지요. 농민들은 이 제후들에게 소속되어 그들의 땅을 경작하고 그들에게 세금을 바쳤습니다. 당시 백

논서치 궁의 전경 1589년에 플랑드르(오늘날 프랑스 북부, 벨기에 등에 걸친 지역)의 화가 게오르그 호프나겔이 그린 판화. 논서치 궁은 헨리 8세의 지시로 8년에 걸쳐 지어졌다. 그림 아랫부분에는 귀족과 농노가 그려져 있다.

성들은 자기 나라 왕이 누구인지, 언제 왕이 바뀌었는지도 잘 몰랐다지요. 다만 영주의 땅에서 농사짓고 가축도 기르며 그렇게 살았대요. 그들에게는 영주 나리야말로 최고 어르신이고 왕이었던 셈이지요. 왕과 봉건 제후, 그리고 제후들의 영지와 거기 속한 농민들 간에 형성된 질서, 이 같은 사회 시스템을 '봉건제'라 불러요. 왕은 영주들을 다스리고, 영주들은 농민들을 다스리는 거지요.

왕정과 교회, 다시 말해 왕권과 교황권, 이 두 권력이 중세 유럽에 질서를 부여하고 사람들에게 영향을 끼쳤습니다. 두 축은 서로 평행하고 대등하게 존재하면서 각자의 영역에서 사람들에게 권력을 행사했어요.

두 개의 권력 축 아래에서 유럽이 황금기를 구가한 시기는 대략 11세기에서 13세기까지입니다. 봉건제는 이 기간에 최고의 효율을 자랑하며 작동되었어요. 농촌 사회였던 유럽에서 농업 생산량과 인구는 그 어느 때보다 증가했답니다.

농업의 발전과 더불어 시장과 도시가 번성하는 건 당연한 일이죠. 덕분에 덩치도 커지고 힘도 강해진 유럽은 이제 제 힘을 밖으로 발산하고픈 마음이 들었어요. 그래서 그들은 결심하지요. 무지몽매한 동방의 세계에 신의 사랑과 유럽의 문명을 전하겠노라! 교황은 기사들을 소집했고, 기사들은 교황의 부름에 응했어요. 만화나 영화로 만들어진 『삼총사』에서 혹시 본 적 없나요? 가슴에 십자가 문양을 수놓은 옷을 입고 투구를 쓴 기사들이 말을 타고 위풍당당하게 자신의 영지를 떠나는 모습을요. 그들은 자신들이 승리할 것을 믿어 의심치 않았던 것 같아요. 신의 사랑과 유럽의 힘이 원정대를 후광처럼 비추며 지켜 줄 테니까요.

십자군 원정의 발단에는 물론 포교에 대한 신념도 있었습니다. 그리스도의 말씀을 이교도, 무함마드를 신봉하는 무지한 이슬람교도들에게 전하고자 했지요. 하지만 단지 그것만은 아니었습니다. 교황에게는 교황의 계산이 있었고, 참전한 기사들에게는 또 기사들의 계산이 섰습니다. 만약 이 원정이 성공한다면 이슬람 제국의 영토를 획득해 자기 영지를 늘리고 그로부터 더 많은 수입을 거둬들일 수 있을 거라고 말이죠.

그러나 세상일이 모두 제 뜻대로는 안 된다는 걸 이들이 또 한 번 알려 주는군요! 무려 200년 동안 이어진 전쟁은 예상 밖의 결과를 가져옵니다. 이슬람 제국이 아직 얼떨떨한 상태로 십자군을 맞아야 했

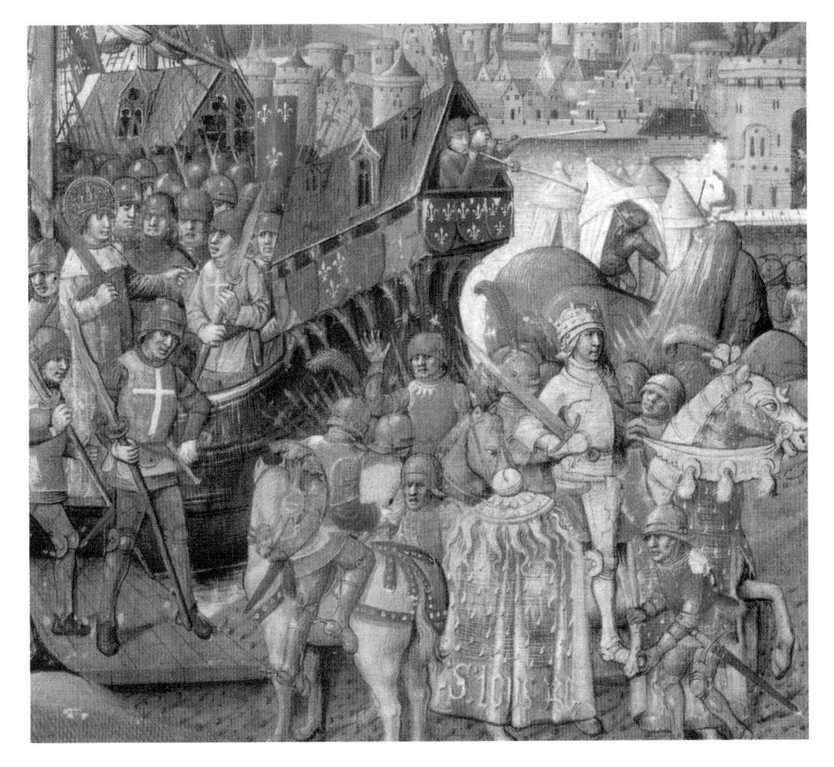

7차 십자군 원정 1096년부터 1272년까지 약 200년 동안 치러진 여덟 번의 십자군 원정 중에서 7차 원정을 그린 그림이다. 십자군 전쟁은 이슬람 세력으로부터 예루살렘 성지를 되찾겠다는 명분 아래 치러진 전쟁이었지만, 결국 실패로 끝나 교회 권력이 무너지는 결과를 낳았다.

던 첫 번째 원정을 제외하고 모든 원정이 실패로 끝났으니까요. 많은 기사들이 전사했고, 돌아왔을 때 그들의 영지는 떠날 때와는 이미 판이하게 달라져 있었습니다. 봉건 영주들이 남기고 떠난 영지는 속속 왕권에 편입되어 왕의 관리를 받게 되었으며, 교황은 괜히 십자군 원정을 보냈다가 완전히 실패하는 바람에 돌이킬 수 없을 정도로 힘을 잃었으니까요. 패잔병들을 기다리고 있는 것은 과거의 영광에 대한 씁쓸한 기억뿐이었습니다. 중세의 황금기가 그 막을 내린 거죠.

십자군 원정이 큰 몫을 했습니다만, 그 외에도 강력한 사건들이 많았지요. 사실 14세기는 대기근과 무시무시한 흑사병이 유럽 전체를 휩쓸어 인구의 절반을 죽음으로 몰아넣은 때이기도 하거든요.

대기근이라니 의아해할 친구도 있겠지요. "분명 앞에서는 11세기부터 농업 생산성이 높아졌다고 했잖아요? 그럼 사람들이 더 잘 먹고 건강해져야 하는 게 아닌가요?" 네, 맞아요. 초기에는 분명 그랬습니다. 황무지가 개간되고 농산물 수확량이 늘어나고 노동력도 증가했지요. 그런데 문제는 노동력이 일정 수준 이상으로 늘어났을 때 찾아옵니다. 땅은 한정되어 있는데 사람은 점점 많아져서, 농산물 수확이 늘어났다 해도 인구 증가를 따라올 정도는 못 되었던 겁니다. 그러니 어떻게 되었을까요? 생산성의 급격한 하락은 개개인을 극심한 영양 결핍 상태에 빠뜨렸고, 마을 단위들의 경제체제를 무너뜨렸습니다. 앞으로 약간의 타격만 가해져도 나라 전체가 휘청거릴 가능성이 커졌답니다.

이 같은 상황에서 마지막 한 방을 먹이기 위해 무시무시한 여신이 강림합니다. 흑사병이죠. 동방에서 돌아온 십자군 병사들이 약탈품과 함께 들여온 이 무시무시한 전염병은 순식간에 유럽 전역에 퍼졌습니다. 안 그래도 건강 상태가 엉망이었던 사람들은 속수무책이었습니다. 죽어 가는 가족과 친지 사이에서 불안해진 생존자들은 곳곳에서

「죽음의 승리」 1562년경 브라반트공국(오늘날 벨기에 부근)의 화가 대 피터르 브뤼헐이 그린 그림으로, 중세 유럽을 휩쓴 흑사병의 위력을 잘 보여 준다. 스페인 프라도 미술관 소장.

반란을 일으켰고, 자신만은 살아남기 위해 미신에 의존해 비이성적 행동을 일삼았습니다. 예를 들어 이런 역병이 도는 이유는 죄 지은 마녀 때문이라고 여겨 수많은 여자들을 잡아 화형에 처했고, 신의 자비를 구하며 자기 몸에 채찍을 휘두르는 고행도 서슴지 않았다지요.

중세 말은 그런 때였어요. 그로부터 200여 년이 지나고도 당시의 인구수를 회복하지 못했을 만큼 크나큰 위기의 시대, 그리고 거대한 죽음의 시대. 그런 때에 기존의 질서 체제가 제 힘을 유지하기란 불가능하지 않았겠어요? 더구나 기독교 신앙과 문화는 사람들에게 구원의 손길이 되기는커녕 혼란만 가중시켰고요. 이런 상황이니 이슬람 세계를 떠도느라 자리를 비운 봉건귀족은 설 자리를 잃을 수밖에요. 덕분에 왕의 힘은 갈수록 신장되었죠.

위기 후 서서히 회복기에 접어들었을 때 유럽은 어느덧 근대사회의 꼴을 갖추고 있었습니다. 생산성이 곤두박질치는 바람에 농업은 더 이상 경제 부문에서 중추적 역할을 할 수 없게 되었지요. 그를 대신해 도시의 상공업이 경제를 움직였어요. 도시가 점점 더 발전하니 농민들은 도시로 유인되어 공장 노동자가 되었지요. 영지에서 밭을 일구고 조세를 바치는 농민이 사라지자 영주들이 설 자리도 차차 사라질 수밖에요.

거기에 더해 교황권과 왕권 사이의 힘의 균형 또한 깨졌죠. 이렇듯 예전처럼 영주들이 농노들을 다스릴 수도, 교황과 사제들이 정치에 관여할 수도 없게 되었으니 결과는 명백합니다. 13세기 말 유럽 땅에서 십자군 원정의 생존자들을 기다리고 있는 것은 전혀 예상 밖의 결과였습니다. 전에 없이 우뚝 솟은 왕정이 그것입니다. 나라의 중심은 국왕이요, 나라 질서는 국왕을 중심으로 재편되었지요. 봉건 제후들이 설 자리는 사라졌고, 살아남기 위해 그들이 선택할 수 있는 것이라곤 궁정에 입성해 왕의 편에 서는 것뿐이었습니다.

유럽에 새바람이 불다

끝으로 한 가지만 덧붙이겠습니다. 동방과의 만남에서 십자군은 패했으나, 그렇다고 유럽이 모든 것을 잃기만 한 것은 아니었습니다. 당시까지만 해도 고대 그리스 문화를 경시하고 고대적 세계관 대신 기독교적 세계관을 따르던 유럽의 정신에 새로운 바람이 분 것은, 이 당시 동방과의 접촉에 의해 넘어온 많은 고대 그리스의 문헌들 덕분이었으니까요. 그러니까 십자군 전쟁 즈음해서야 유럽은 머나먼 길을 경유해 다시 아리스토텔레스의 논리학과 윤리학, 그리고 히포크라테스의 의학을 접했고, 이 책들의 번역 작업에 몰두했던 겁니다. 이와 같은 그리스 문화와의 접속, 이것이 '르네상스'와 연결되었음은 물론입니다.

르네상스라는 단어 많이 들어 보았죠? 학교에서 르네상스 시기 예술 사조를 배우고, 매체에서 종종 '인문학의 르네상스', '르네상스 서울' 같은 표현을 쓰지요. 길을 가다 보면 '르네상스 호텔'이나 '르네상스 펜션' 같은 간판이 눈에 띄기도 하고요.

르네상스의 본래 뜻은 '부활', '재생'이에요. 14세기경 이탈리아에서 시작되어 유럽 전체에 확산된 문화 운동을 가리키지요. 고대 그리스의 고전과 철학 연구를 통해 고대 정신의 부흥을 꾀했다는 측면에서 '르네상스 운동'이라 부르고, 이 시기를 '르네상스 시기'라 부르지요.

인문주의 프로젝트

유럽 세계를 가로질러 존재하던 왕권과 교황권, 그 둘 사이의 평형 상태는 이제 깨졌습니다. 영국의 엘리자베스 1세처럼 절대 권력을 쥔 왕들이 자신을 중심으로 세계의 삼라만상을 배치하기 시작했어요. 우리가 아는 '국가'와 '국민', '국어'가 탄생한 것도 모두 이때의 일입니다. 꽤 오랜 시간 동안 유럽의 나라들은 그리스어와 라틴어를 사용했고, 독일어니 프랑스어니 하는 말들을 속어 취급했었거든요. 그러다 중세 말에 이르러 각 나라들은 단일어를 사용하는 공동체가 되기 시작했답니다. 이러한 시대적 변화가 인문주의자들의 출현과 어떤 관련을 맺게 되는지, 이제 이를 살펴볼 차례입니다.

인쇄기가 발명되다

빅토르 위고의 소설 『파리의 노트르담』은 15세기 파리를 배경으로 콰지모도와 에스메랄다의 우정, 그리고 종교 및 사회 질서에 저항하는 이방인들의 삶을 다룬 작품입니다. 이 모든 이야기의 포문을 여는 것은 '광인의 날'입니다. 서민들이 광장에 모여 권력자를 조롱하며 해방감을 만끽하는 잔칫날이죠. 이날도 어린 학생들과 상인들이 광장에 모여 떠들썩하게 축제를 벌이고 있었습니다. 그런데 멀찍이서 이를 지켜보던 서적상이 혀를 차며 말하는군요. "말세야, 말세. 이렇게 학생 놈들이 찧고 까부는 걸 보게 되다니. 이게 무엇 때문인 줄 알아? 인쇄술 때문이야! 가증스러운 인쇄술 때문에 말세가 오고 말았어!"

알다시피 유럽에서 인쇄술은 1450년경 독일의 구텐베르크에 의해 발명되었지요. 역사책에서 이를 두고 '인쇄 혁명'이라고까지 명명하는 건 결코 과장이 아닙니다. 인쇄기가 출현하기 전 유럽의 모습을 상상해 볼까요. 일단 성경을 전혀 읽을 수 없는 대다수 문맹자들을 위해 대성당이 신의 말씀을 전했습니다. 종이 대신 돌로 축조된 건축물이 책의 역할을 수행했던 셈이죠. 읽지 못하는 이들을 위해 글자를 아는 몇몇 사람들이 소리 내 책을 읽어 주기도 했겠지요. 누군가 큰 소리로 책을 낭독하거나 암송을 시작하면 소리에 이끌려 삼삼오오 사람들이 몰려왔을 거예요. 그리고 주문받은 책을 손으로 베껴 써 주는 일을 하던 필경사라는 사람들은 점포에서 손님들을 기다렸죠.

그러던 중에 독일에서 인쇄기가 발명되었고 각 지역이 속속들이 이를 받아들이기 시작한 겁니다. 1459년에는 스트라스부르, 66년에는 쾰른, 68년에는 바젤, 그리고 70년에는 소르본 대학의 지하실로 기계가 도착했지요. 소수의 사람들만이 지식을 향유하던 시대는 그렇게 하여 저물어 갔습니다. 수도원의 문서고에 잠들어 있던 신의 고귀한 목소리, 오직 소수의 사제들만이 펼쳐 볼 권리를 가졌던 책들이 상인과 아낙들의 손에 들어가게 된 것입니다. 우주의 비밀을 간직하고 있는 책을 '어중이떠중이'들이 들고 다니는 날이 도래했지요. 그러니 광인의 날에 모인 사람들을 보며 서적상이 혀를 끌끌 차며 세상을 걱정한 것도 무리가 아닙니다. 지식은 소수의 식자층만이 소유해야 하는 법인데, 아무것도 모르는 자들 손에 넘어가 버리다니 위험천만한 일이라 생각한 거죠.

정말 그의 말대로입니다. 지식은 위험합니다. 한 세계를 끝장내고 한 세계를 새로 창조할 만큼 위력적이라, 기존 세계에서 우위를 점하고 있는 자의 입장에서라면 충분히 우려할 만한 것이었지요. 신성한 가르침이 널리 퍼져도 문제, 이단적인 속삭임이 널리 퍼져도 문제입니다. 조금 뒤에 종교개혁에 대해 자세히 이야기하겠지만, 실제로 인쇄술에 힘입어 급속하게 증가한 성경 출판이 종교개혁에 영향을 끼친 것은 부인할 수 없는 사실입니다. 루터가 독일어로 번역한 성서는 자그마치 430쇄를 돌파했다지요!

Vorrede.
De Propheta Jesaia.
Das Erste Capittel.

독일어판 성경 루터는 1522년부터 독일 사람들이 신의 뜻을 이해하고 받아들일 수 있도록 성경을 쉬운 독일어로 번역하는 작업을 했다. 1534년 처음 출간되었다.

새로운 지식인이 태어나다

인쇄술의 발명, 그것은 수많은 기계의 발명 중 하나에 그치는 것이 아니라 지식 혁명으로 이어집니다. 인쇄술은 사람들의 알고자 하는 열망을 더욱더 부채질합니다. 이 책을 읽으면 저 책에도 기웃거리게 되고, 이것을 알게 되면 저것이 또 궁금해집니다. 그래서 한번 읽기 시작하면 멈출 수 없습니다. 읽어 버린 자는 질문하지 않을 수 없고, 질문하고 나면 반드시 알아내기 위해 또 읽게 되며, 그렇게 자꾸 읽고 생각하면 급기야 쓰고 싶어지고 맙니다. 읽는 자는 언젠가 씁니다. 쓸 수밖에 없습니다. 이렇게 되어 버린 사람을 가리켜 우리는 '지식인'이라 부릅니다.

중세 시대까지만 해도 모름지기 학자란 신의 말씀을 잘 듣고 그 뜻을 충실하게 밝혀내는 사람이었습니다. 신의 말씀이 이미 진리로서 확고하게 이 세계에 존재하므로 신심을 가지고 이를 찾아내기만 하면 되었지요. 이제 다릅니다. 지식인들은 다른 무엇보다도 인간의 이성을 신뢰합니다. 르네상스 시대의 지식인들은 플라톤과 아리스토텔레스의 명맥을 되살리고자 했습니다. 무엇보다도 고대 그리스의 이 학자들은 '철학자의 통치'를 주장하고 있기 때문입니다. 그들은 묻습니다. 왜 철학을 하는가? 그리고 답하지요. 사회적, 정치적 삶을 위하여!

단지 기독교 세계관을 이해하기 위해, 별다른 비판적 인식을 발동하지도 않고 책을 들여다보는 중세 학자의 모습을 에라스뮈스와 모어 등은 거부했습니다. 그들이 생각하기에 학문은 현세의 삶을 고민하는 것이어야 했습니다. 실제 정치와 역사에 개입하고자 하는 학문, 공동체를 변혁하기 위해 전심전력을 다하는 학문, 그것이 그들이 추구하는 바입니다. 그들이 남긴 글 안에는 이런 외침이 메아리치고 있지요. 공부, 그것이 우리 자신을 위한 것이 아니라면 무슨 소용이란 말인가! 개인의 자유와 공동체의 자치를 위해 우리는 읽고 쓴다!

이렇게 외친 일군의 학자들을 가리켜 '후마니스타(humanista)', 곧 '인문주의자'라 부릅니다. 그들에게 인간은 더 이상 씻을 수 없는 죄를 지닌 존재, 죽은 뒤에야 용서를 구하고 구원받을 수 있는 존재가 아닙니다. '지금 여기'에서 얼마든지 완전해질 수 있는 존재입니다. 우리 자신을 믿자! 지상에 낙원을 설계하자! 인문주의자들은 이렇게 외쳤습니다.

사제들이 사람을 죽인다?

더 이상 신에 대한 믿음이 예전만 못하다 해도 유럽에서 종교는 여전히 막강한 힘을 가지고 있었습니다. 하지만 성경과 교회, 사제들을 둘러싼 지반이 심하게 요동치고 쿨렁대고 있었던 건 사실이지요. 한쪽에서는 기존 교회의 부패와 악덕을 꼬집는 그룹이 있었고, 다른 쪽에서는 왕정이 권력 확장을 위해 교회를 공격하고 있었습니다. 이제부터 살펴보겠지만, 루터의 종교개혁은 단지 교회 개혁에 그치는 것이 아니라 근대국가의 성립과 밀접한 관계가 있습니다. 종교개혁을 통해 그는 신자들 개개인의 독실한 신앙을 주장하면서 동시에 왕의 세속적 권력에 손을 들어준 셈이 되었지요.

중세의 교회와 황제 하인리히 3세 부부가 성모 마리아에게 축복받는 장면을 그린 그림. 1046~56년 신성로마제국의 황제였던 하인리히 3세는 교황을 뽑는 투표권을 행사하여 4번 교황을 뽑았다. 신앙심이 매우 깊었던 그는 교황이 주관하는 대관식을 간절히 원했다고 한다. 영토가 줄어들고 재정이 나빠지면서 힘을 급격히 잃었고, 그가 죽은 뒤에는 교황의 권력이 황제와 왕보다 더욱 커졌다.

루터, 종교개혁을 선언하다

진위 논란이 많지만, 하나의 상징적 사건으로서 멜란히톤이 주장하는 '루터의 망치질' 이야기를 한번 해 볼까요? 때는 1517년 10월 31일이었습니다. 고요하던 마을에 난데없이 망치질 소리가 울려 퍼지기 시작했고 이에 놀란 사람들이 하나둘 소리의 진원지를 찾아 모여들었지요. 그들은 어리둥절한 표정으로 한 사내의 뒷모습을 바라보았습니다. 겁도 없지, 사내는 비텐베르크 만인성자 교회 문 위로 망치를 휘두르고 있었습니다. 그가 엄숙한 표정으로 사람들을 향해 돌아섰을 때 사람들은 교회 문 위에 전에 없던 커다란 종이 한 장이 붙어 있다는 걸 깨달았습니다. 가까이 다가간 사람들은 그 종이 맨 위에 적힌 글귀를 읽을 수 있었지요. 그것은 '95개조 논제 또는 면죄부의 위력과 효험에 대한 논박'이라는 글이었습니다. 그 안을 빼곡히 채운 문장들의 요지는 교황 및 사제에게는 인간의 죄를 심판하고 용서할 권한이 없다는 것이었지요. 교회가 무슨 권리로 면죄부를 남발하는가! 어째서 교황이 세속 사회에서 권력을 휘두르는가! 쾅쾅쾅!

이 망치질 소리는 무려 한 세기 동안 전 유럽 대륙으로 울려 퍼졌습니다. 독일 태생의 한 남자가 교회 문을 향해 휘두른 망치 소리가 유럽 각국을 두드리고 뒤흔든 거지요. 이 사건의 장본인은 바로 독일의 성직자 마르틴 루터(Martin Luther, 1483~1546). 이렇게 종교개혁의 포문이 열렸어요. 당시 누구도 짐작할 수 없었지만, 이 망치질은 훗날 모어의 머리를 날려 버리게 됩니다. 헨리 8세가 종교개혁의 이

보름스 국회 1521년 독일 보름스에서 열린 국회에서 95개조 반박문에 담긴 주장을 취소할 수 없다고 변론하고 있는 루터의 모습.

름으로 밀어붙이려는 일이 불러올 위험을 모어가 직관적으로 알았다는 것, 그것이 그만 화를 불러온 거지요.

루터의 핵심 주장은 크게 두 가지로 요약됩니다. '성서 지상주의'와 '믿음 지상주의'. 제도로서의 교회가 갖는 의미를 격하시키고 그 대신 개인의 깊은 신앙심을 강조했다는 점에서 루터의 생각은 혁명적입니다. 그는 교회를 새로 정의해 버렸어요. 그에 따르면 교회란 신앙심 깊은 사람들의 집합 그 이상도 이하도 아니래요. 꼭 사제가 있어야 하는 것도, 십자가가 걸려 있는 건물이 있어야 하는 것도, 시키는 대로 십일조를 내야 하는 것도 아니고요. 믿는 사람들이 모여 있으면 그게 바로 교회라는 겁니다.

오직 믿음으로 만든 공동체이므로 권력을 가질 수도, 가질 필요도 없어요. 만약 죄를 지었다면 개인이 신에게 직접 회개하고, 사회 구성원으로서 사법 당국의 처벌을 받으면 그뿐입니다. 세속적 권위까지 넘보는 교회의 탐욕은, 루터로서는 견딜 수 없는 것이었어요.

사실 영혼을 다스려야 할 교회가 통치권이나 재판권을 가지려 한다는 것에 대해 이미 학자들이 문제 제기를 하고 있었어요. 거기에 제대로 불을 댕긴 것이 루터죠.

인문주의자들이 응답하다

교회의 부패를 풍자하고 비판해 온 인문주의자들이 루터와 의기투합하는 것은 당연했습니다. 폐단을 없애고 지상에서 낙원을 구축하자는 포부를 지닌 학자로서 루터의 급진적 주장과 투쟁 방식에 매혹될 수밖에요. 그래서 인문주의자들이 대거 루터파에 합류하게 되었죠. 에라스뮈스도 예외는 아니었습니다.

한 번 더 에라스뮈스를 소환해 봅시다. 『우신예찬』의 화자 모이라는 우둔함과 광기를 상징하는 우신이라고 했었죠? 책 속에서 우둔함, 광기, 그리고 지혜가 뱅글뱅글 자리를 바꿔 가며 서로를 골려 댑니다. 우둔함이 정말 어리석다는 뜻인지 혹은 세속에 밝다는 뜻인지, 이를 매번 가늠하지 않고선 에라스뮈스의 의도를 오해하기 십상이죠.

아무튼 여기서 모이라가 가장 높이 평가하는 것, 동시에 에라스뮈스가 가장 강력하게 비판하는 것이 교회와 사제들입니다. 독단과 부패에 따라 그들이 저지른 악행이 교묘하게 비판받고 있는 거지요. 독실한 가톨릭 신자이기도 했던 인문주의자 에라스뮈스가 강조하고자 한 것은 결국 '진실된 믿음'일 겁니다. '제도'로서의 교회는 중요치 않습니다. 돈과 여자라면 사족을 못 쓰는 그 당시 사제들의 모습만 봐도 알 수 있지요. 우리는 권력자로서의 교회를 따를 게 아니라 진실된 마음으로 신을 따라야 한다, 그럼으로써 지상에서 행복을 얻어야 한다. 이것이 에라스뮈스의 주장입니다.

한때 성직자의 길을 걸었던 모어 역시 같은 문제의식을 지니고 있었습니다. 그는 유토피아를 세운 오토푸스 왕이 얼마나 현명하게 종교 문제를 다루었는지를 이렇게 설명합니다.

> 종교 문제에 대해서 그는 성급하게 교리화하려 하지 않았습니다. 신은 다양한 경배 방식을 좋아하며 그래서 의도적으로 사람들이 여러 다른 견해를 갖도록 영감을 불어넣었으리라고 추론한 것입니다. 그는 위협이나 폭력을 통해 자신의 믿음을 강요하는 사람은 오만한 우행을 저지르는 것이라고 확신했습니다. 만일 어떤 종교가 정말로 옳고 다른 것들이 그르다면, 그리고 사람들이 이성적이고 겸손하게 판단한다면, 그 진정한 종교가 결국 우세하게 되리라는 것입니다. 만약 이 문제를 싸움과 폭동으로 해결하려 한다면, 가장 저급한 사람들이 대개 가장 완고한 법이므로 최선

의 신성한 종교가 맹목적인 미신 때문에 위축될 것입니다.

이처럼 모어는 정통 가톨릭의 독실한 신자로서 교회의 광기와 폭력성에 대해 크게 걱정했습니다. 그래서 그는 교회의 권력을 통제하기 위한 장치로서 까다로운 조건을 충족시키는 극소수의 사제만을 시민의 투표로 선발하는 방식을 상상해 내지요.

왕의 칼이 향한 곳은?

루터의 사상은 큰 의미를 갖습니다. 무엇보다도 근대국가의 형성을 위한 기틀을 다지는 데 루터의 공은 대단한 것이라 할 만합니다. 교회의 권력을 부정하고 교회법을 비롯한 교회의 모든 제도를 부정함으로써 중세 시대를 지배한 '두 개의 칼'의 균형을 파기해 버렸기 때문입니다.

앞에서 말했다시피 두 개의 칼이 존재했습니다. 하나는 교황의 칼, 다른 하나는 왕의 칼이지요. 그런데 루터가 교황으로부터 그 칼을 빼앗아 버렸군요. 이제 이 세계에는 국왕의 칼만이 존재합니다. 교회를 포함해 인간사 모든 것을 대상으로 권위를 행사하는 것은 단 하나의 칼, 입법권을 소유한 국왕입니다. 교회법은 무너지고 그 대신 보통법이 세계를 다스립니다.

유럽의 군주들이 루터의 사상을 받아들이고 실천하기 위해 얼마나 열심이었는지 짐작이 되지요? 종교적으로 볼 때 루터주의는 곧 이단을 의미하므로 군주들은 종교상으로 결코 루터주의자가 될 수 없었습니다. 하지만 정치적 이유 때문에 루터의 주장을 적극적으로 공유할 필요가 있었지요. 당시 왕실들은 루터가 준 명분을 가지고 열심히 칼을 휘둘렀습니다. 덕분에 온 유럽이 들썩들썩했지요. 그렇게 해서 종교개혁에 박차가 가해집니다.

그 가운데 잉글랜드의 헨리 8세와 모어가 있었습니다. 왕위를 계승할 자손을 얻기 위해 왕비 캐서린과 이혼하고 앤 불린과 결혼하려는 헨리 8세에게 가장 큰 장애물은 교황청이었어요. 교황청이 이혼을 허락해 주지 않자 헨리 8세는 로마의 주교에게는 군주에 대한 관할권이 없다고 주장하고, 이를 법적으로 뒷받침해 준 토머스 크롬웰에 힘입어 '수장령'을 선포합니다. 모든 사법적 권력이 국왕에게 있으므로, 교회의 수장 역시 왕 자신이라는 거죠.

모어는 왕의 곁을 지키는 재상이었음에도, 이를 용인할 수 없었습니다. 독실한 가톨릭 신자인 그가 생각하기에 인간이 만든 법은 그 자체만으로는 충분치 않습니다. 오직 인간의 법을 믿고 신을 믿지 않는 자는 영혼의 숭고함을 알지 못해 결국 사회의 법조차 깰 테니까요. 『유토피아』 2부에 나오는 이런 구절이 모어의 생각을 잘 보여 줍니다.

> 유토피아인들은 사후에 악행에 대해서는 벌을 받고 덕행에 대해서는 상을 받는다고 믿습니다. 그리고 이를 믿지 않는 사람은 영

혼의 숭고함을 짐승의 비참한 육체 수준으로 격하시키므로 거의 사람도 못 된다고 여깁니다. 그리고 이런 자를 엄격하게 제지하지 않는다면 분명히 사회의 모든 법과 관습을 깰 것이 틀림없으므로 동료 시민으로도 쳐 주지 않습니다. 법 말고는 두려워하는 것이 없고 사후에 생명을 얻는다는 희망도 없는 사람이라면 자신의 개인적 이익을 위해 교묘하게 국법을 어기고 폭력으로 법을 파괴하기 위해 어떤 짓도 마다하지 않을 것입니다. 그래서 그런 견해를 가진 사람에게는 어떠한 명예도 주지 않고, 공직도 맡기지 않으며, 공적인 책임도 부과하지 않습니다.

말하자면 모어는 두 개의 칼의 필요성을 믿어 의심치 않았던 겁니다. 세속의 칼만으로는 충분하지 않습니다. 인간사 전반이 신의 가르침 위에서 이루어져야 합니다. 그렇지 않은 사회는 불법과 위법 행위로 가득 찰 것이라는 게 모어의 생각입니다.

그렇다고 왕이 교황의 아래에 있어야 한다는 건 아닙니다. 세속의 권위가 행사되어야 할 영역이 영혼의 영역과 독립되어 있어야 한다는 데 모어도 동의합니다. 그렇지 않다면 교회는 걷잡을 수 없이 비대해지고 사제들은 더 큰 권력을 위해 파당을 형성하는 데 혈안이 될 테니까요. 교회가 경제와 정치에 관여하려 하는 순간 부패는 피할 수 없습니다.

하지만 모어는 동시에 교황이 왕의 아래에 있어서도 안 된다고 주장합니다. 그의 주장에 따르면 왕이 교회의 수장이 된다는 것은 곧 전제 왕권을 의미합니다. 헨리 8세와 크롬웰이 입으로는 교회 개혁을 말하고 있으나 실상 그들이 보여 주는 것은 군주의 탐욕입니다. 더 많은 권력을 거침없이 휘두르려는, 백성의 재산을 모두 자신의 품 안에 두려는 야욕인 겁니다. 애초 전제정치의 문제점을 알고 정치에 입문하기로 결단했던 모어는 결국 자기 눈앞에서 그것이 합법화되는 광경을 목격하게 된 셈이지요. 그때 그가 느꼈을 암담함과 정치에 대한 환멸을 감히 상상할 수조차 없네요.

에라스뮈스가 그랬듯 모어 역시 교회 개혁의 필요성을 의심하지 않았습니다. 하지만 헨리 8세의 수장령은 교회 개혁의 본질과 멀어도 너무 먼 것이었습니다. 모어는 결코 이를 승인할 수 없었습니다. 모어는 자신의 의사를 전달하고자 재상직에서 물러납니다. 그리고 자신이 모시던 왕의 두 번째 결혼식에 불참하고, 두 사람 사이의 후손에게 왕위를 계승한다는 취지로 만들어진 왕위 계승법에 대한 동의도 거부했습니다. 결국 모어는 1534년 반역죄로 런던탑에 갇히는 신세가 되고 맙니다. 그 안에서 그는 신앙서 집필에 몰두했다고 해요.

투옥된 날로부터 1년 3개월이 흘러 모어의 재판이 진행됩니다. 그 자리에서 최종적으로 사형이 언도되었지요. 그리고 닷새 뒤 모어는 참수됩니다.

이리하여 헨리 8세 및 그의 오른팔 크롬웰에 따라 잉글랜드는 하나의 제국으로서 단일하고 절대적인 권력의 지배 아래 놓이게 됩니다.

‘국법의 이름으로’ 보다 많은 살인과 약탈이 자행되는 시대가 열렸지요. 다른 말로 이를 ‘근대국가’의 시대라 부를 수 있을 겁니다.

농민, 울타리 밖으로 쫓겨나다

종교와 더불어 『유토피아』에서 한 축을 담당하고 있는 것은 국가 제도 및 사법 당국에 대한 문제입니다. 특히 모어는 경제와 관련된 국가 제도를 문제 삼고 있지요. 인간이 먹고사는 문제, 일하고 쉬고 즐기는 것은 국가 제도 및 사법 당국과 떼려야 뗄 수 없는 관계에 있다는 것, 이것이 그의 핵심 전제 중 하나랍니다. 이를 시작으로 당시 정치와 사법 제도에 대한 비판적 고찰과 유토피아의 경제학에 대한 설명이 이어집니다. 너무 어렵고 딱딱한 이야기 아니냐고요? 걱정 마세요. 모어는 결코 난해한 관념과 지식을 뽐내는 학자가 아니니까요. 그는 날카로운 시선을 유지하되 유머와 상상력을 발휘하면서 잉글랜드의 국가 및 경제 시스템을 다음과 같이 해부합니다.

사람 잡아먹는 양

『유토피아』에서 가장 널리 알려진 이야기 중 하나인 '사람 잡아먹는 양(羊)'을 봅시다. 대화 초반에 히슬로다에우스가 말하길, 잉글랜드는 도둑을 양산하는 국가랍니다. 모어가 무슨 뜻인지를 묻자 그는 "당신네 나라 양들이 사람을 도둑으로 만든다."고 답해요. 온순한 초식동물이 사람을 잡아먹는 곳, 그게 당신들의 국가라고요.

> 양들은 논과 집, 마을까지 황폐화시켜 버립니다. 아주 부드럽고 비싼 양모를 얻을 수 있는 곳이라면 어디에서든지, 대귀족과 하급 귀족, 심지어는 성무를 맡아야 하는 성직자들까지 옛날에 조상들이 받던 지대에 만족하지 않게 되었습니다. 그들은 모든 땅을 자유롭게 경작하도록 내버려 두지 않고 목축을 위해 울타리를 쳐서 막습니다. 이들은 집과 마을을 파괴해 버리고 다만 양 우리로 쓰기 위해 교회만 남겨 놓습니다. 이미 많은 땅을 방목지와 사냥용 짐승 보호지로 만들어 버린 것도 모자라서 이 높은 분들은 주거지와 경작지마저 황폐하게 만드는 중입니다. 이렇게 만족을 모르고 탐욕을 부리는 한 사람이 수천 에이커를 울타리로 둘러막고 있습니다.

위 이야기는 바로 인클로저 운동에 대한 모어의 비판입니다. '인클로저(enclosure)'란 '울타리 치기'라는 뜻을 지닌 단어예요. 역사상으로는 15세기 중엽에 대단위로 이루어진 '토지 사유화' 작업을 의미하지요.

당시 많은 지주들이 돌과 나무 등을 사용해 경작지와 황무지, 공유지에 울타리를 둘러쳤다고 해요. 여기가 내 땅이라는 걸 보여 주기 위해, "그러니까 아무도 들어오지 마!"라고 말하기 위해. 생각할수록 황당한 일이에요. 지금까지 누구 하나 독점적 권한이 없던 땅을 두고 제멋대로 소유 선언을 한 셈이니까요. 지금처럼 등기 서류가 있는 시대도 아니고, 관습에 따라 농민들이 소박하게 밭을 일구고 농사를 짓던 공유지에서 이런 일을 벌이다니, 상식적으로 납득하기 힘든 일입니다. 하지만 일은 그렇게 진행되었네요. 권위와 온갖 속임수, 폭력적 수단을 사용하는 영주들에 의해 농민들은 속수무책 내쫓겼습니다.

훗날 프랑스의 문필가 장 자크 루소는 "누군가 땅에 울타리를 친 다음 이건 내 땅이라고 말하고 또 주위 사람들도 순진하게 그 사람을 말을 믿은 것이 인클로저"라고 썼습니다. 사회주의 경제학의 대명사 칼 마르크스는 "약탈과 횡령이 인클로저의 본질"이라고 했고요. 여기에는 어떤 합법적 근거도 없습니다. 어느 날부터 공유지는 사유지로 둔갑했고, 농민들은 살던 땅에서 내쫓긴 거예요. 15세기 말부터 16세기의 영국 농촌에서 일어난 것은 한마디로 대규모 축출 행위입니다. 마르크스는 이를 '인간 청소'라고 표현했죠.

솜털 뭉치처럼 사랑스러운 양 때문에 이 모든 사달이 났어요. 양모 산업이 번성하고 양모 가격이 급등하면서 땅이 있다면 너도나도 양을 기르고자 했으니까요. 양을 한곳에 몰아 놓고 키우는 건 농사일처럼 사람 손을 많이 필요로 하지 않으면서도 돈은 훨씬 더 많이 벌 수 있는 사업이었거든요. 이렇게 생각한 사람들 눈에 농노나 토지 소유자들이 붙어사는 작은 땅은 아깝게 방치되고 있는 것처럼 보였답니다. 그래서 쓸데없는 경작지를 싹 밀어 버리고 대규모 목양지를 만들려고 했지요.

실제로 영국 산업혁명을 불러오는 데 혁혁한 공을 세운 것이 인클로저 운동인 건 맞아요. 두 차례에 걸친 인클로저 덕분에 공장들이 성공적으로 자리를 잡았고, 농촌의 많은 인구가 도시로 유입되어 노동력을 공급했지요. 공유 재산들이 사유화됨으로써 훨씬 높은 효율성을 창출했다고도 많은 경제학자들이 입 모아 말합니다. 양들, 대규모의 목초지에

서 한가롭게 풀을 뜯어 먹는 복슬복슬 새하얀 양들, 이 녀석들 덕분에 농촌 사회였던 영국은 대도시 런던을 중심으로 한 자본주의 사회로 이행할 수 있었답니다.

땅에서 쫓겨나 부랑자가 되다

하지만 우리, 조금 다른 각도로 생각해 볼까요? 모든 역사는 실상 그 시대에 살아남은 승자들의 입장일 뿐 그것이 누구에게나 진실은 아니라는 것을 보여 주는 사례는 아주 많지요. 가령 중세의 경건함을 상징하는 파리의 노트르담 대성당 뒤에는 신의 세계와 국가 모두로부터 배척된 부랑자들이 모여 사는 빈민촌이 있었고, 우리들이 4년마다 열광하는 월드컵 대회 이면에는 축구공을 만들기

위해 동원되는 제3세계의 아동 노동자들이 존재하고 있지요. 가깝게는 아직 아무것도 밝혀진 바 없는 천안함 사태라든가 세월호 침몰 사건도 있습니다. 현재까지 밝혀진 것은 정부의 입장과 유력한 매스미디어의 정치적 소견뿐이지요. 그것이 진실임을 증명하는 것은 어디에도 없어요.

인클로저 역시 마찬가지입니다. 자본주의 시스템을 찬양하는 사람은 인클로저를 역사적으로 중대한 발판이자 필연적 사건이라고 평가하지만, 그와 전혀 다른 방식으로 이를 설명할 수도 있답니다. 보세요, 모어는 쫓겨난 소작농들의 삶에 대해 이렇게 말하고 있습니다.

> 소작농들은 쫓겨나든지 속임수, 강짜 내지는 끊임없는 괴롭힘을 견디다 못해 자기 땅을 팔 수밖에 없습니다. 남녀노소, 남편과 아내, 고아와 과부, 어린아이 딸린 부모 등 가난한 사람들 모두 이사를 가게 됩니다. 원래 농사일은 많은 일손이 필요한지라 이 사람들은 대개 가난하면서도 식구 수가 많습니다. 자기 사는 곳만 알고 지내던 이들은 막상 고향 땅을 떠난다 해도 달리 갈 곳이 없습니다. 이 사람들은 원매자를 느긋하게 기다릴 여유가 없기 때문에 세간을 헐값에 넘기므로 몇 푼 못 받습니다. 여기저기 떠돌이 생활을 하다가 그 얼마 안 되는 돈마저 다 날리면 결국 도둑질 끝에 당신 말대로 교수대에 매달리든지 아니면 유랑하며 구걸하는 수밖에 없습니다. 하지만 유랑민이 되면 결국 게으르다

는 죄로 감옥에 갇히게 됩니다.

이처럼 인클로저는 멀쩡하게 살던 사람들을 유랑민으로 만들었습니다. 공유 재산을 빼앗고 모든 것을 사유화한 시대는 대다수 사람들을 거지 혹은 날품팔이로 만들었지요. 바로 이것이 자본주의 사회의 민낯이라고 모어는 말합니다.

마르크스는 『자본론』에서 모어의 이 이야기를 인용한 뒤 이렇게 적고 있습니다. '자본주의로의 이행은 결코 자연스럽지도 목가적이지도 않은 사건이다! 농민을 강제로 노동자로 만들기 위해 흩뿌린 수많은 피를 보라!' 수많은 사료들을 참고한 뒤 마르크스는 이렇게 밝힙니다. "모어가 말하는 불가피하게 도둑이 된 이 가난한 부랑자들 중에서 7만 2천 명의 크고 작은 도둑들이 헨리 8세의 통치 시대에 사형당했다." 그렇습니다, 양에게 쫓겨 논과 밭을 잃은 수많은 농민들이 부랑자라는 이유로 국가에 의해 죽임을 당했습니다.

부랑자가 되지 않을 수는 없었느냐고 질문하는 건 적절치 않습니다. 그 질문 안에 이미 이들이 '자발적으로' 농촌을 떠나 부랑자가 되기를 선택한 것이라는 판단이 포함되어 있으니까요. 하지만 보다시피 이들은 쫓겨난 자들입니다. 이들은 태어나서 걸어 다니고 사람 말을 알아들을 수 있게 되었을 무렵부터 땅에 씨앗을 뿌리고 잡초를 뽑고 돌을 골라내며 살아왔습니다. 그런데 하루아침에 그 일상이 파괴되었어요. 경작지에서 내쫓긴 데다 경작지 안에 지어 놓았던 집도 뭉개졌습니다. 일부 역사책에서는 농민들이 경제적 목적 때문에 자발적으로 도시로 이주했다고 말하지만 실제로는 도시로 떠밀려 들어간 것이라 봐야 합니다. 마치 기나긴 개미 행렬처럼, 생존을 위해 낯선 곳으로 떠날 수밖에 없었던 거예요.

공장에 맞게 몸을 바꾸라!

하지만 도시에서의 삶은 녹록지 않았습니다. 땅과 대기의 규칙을 좇아 일하고 쉬고 밥 먹으며 살아온 사람들에게 공장의 벨 소리와 공장장의 감시하에 움직여야 하는 삶은 지옥 같은 것이었겠지요. 처음으로 엄마 품을 떠나 어린이집, 유치원, 초등학교에 들어갔을 때 내 몸과 마음이 받았던 스트레스를 떠올려 봅시다. 원하는 때 잠을 자고 간식을 먹고 낙서를 하던 우리에게, 갑자기 보얗게 화장을 한 낯선 얼굴이 나타나 "지금은 낮잠 잘 시간이야.", "이 간식을 먹으렴." 하고 말하는 거예요. 얼마나 어리둥절하고 불안하고 갑갑했었나요?

사실 농촌 사회에서 산업화 사회로 이행 중이던 당시 공장 안을 채우고 있던 사람들 대부분이 그랬습니다. 게다가 20~30년을 같은 방식으로 살아온 그들 누구에게도 공장 시스템은 익숙하지 않았어요. 그건 차라리 족쇄이고 형벌이었죠. 그들 몸은 결코 이를 받아들일 수 없었던 겁니다.

자, 그러니 무슨 일이 벌어졌을까요? 공장 밖으로의 이탈이죠. 과거의 농민들은 공장을 버리고 차라리 부랑자가 되어 떠돌길 택합니다. 수많은 도시 빈민이 탄생한 순간이었습니다. 공장 측은 명령에 복종하지 않거나 공장을 아예 떠나 버리는 노동자들을 더 이상 방관할 수 없었죠. 공장 측은 국가에 협조를 요청했고, 국가는 이를 받아들입니다. 헨리 7세 통치기에 부랑자들을 감금하고 태형에 처하는 일명 '피의 입법'이 시작되어 엘리자베스 여왕을 지나 제임스 1세 통치기까지 이 같은 규율화가 이루어졌습니다. 모어의 시대인 헨리 8세 통치기를 한번 볼까요? 사지 멀쩡한 젊은이가 일을 하지 않을 경우 태형과 감금이 그를 기다립니다. 부랑자는 몸이 묶인 뒤 매를 맞고 피투성이가 되어서는 앞으로는 열심히 일하겠다는 맹세를 해야 했지요.

그럼에도 여전히 대다수의 과거 농민들은 공장으로 돌아가지 않았습니다. 그들의 몸이 그것을 거부했으니까요. 21세기를 사는 우리들 눈에나 8시간 동안 학교에서 공부하거나 회사에서 노동하는 것이 자연스럽지, 16세기의 사람들에게 이는 불가능하고도 바보 같은 짓거리에 불과했습니다. 전혀 인간의 몸에 맞지 않는 생활이었지요.

이에 골머리를 앓던 헨리 8세는 급기야 법령을 더욱 강화하기로 마음먹었어요. 그래서 만약 같은 부랑자가 세 번째로 체포되면 사형에 처하기로 한 거지요. 죄목이오? 방랑, 즉 무노동이죠. 무노동은 사회의 적이라는 겁니다. 지금도 우리는 곧잘 이렇게 말하지요. 일하지 않은 자 먹지도 마라! 하지만 16세기 피의 역사를 보면 이는 결코 역사와 무관한 절대적 진리가 아니에요. 무수한 사람들이 매를 맞고 죽임을 당한 끝에야 영국 땅에 임금노동자들이 자리를 잡게 된 겁니다. 법령과 매질 끝에 '자연의 인간'이 '인공의 인간'으로 다듬어진 셈이지요.

당시 모어가 런던에서 목격한 것은 이와 같은 끔찍한 일들의 연속이었습니다. 가난한 이들은 물밀 듯이 도시로 들어오지만 도시는 결코 그들의 생을 보장해 주지 못했습니다. 오히려 그들을 끊임없이 착취했지요. 과거에는 영주에게 착취당했는데 이제 공장에서 착취당합니다. 이를 거부하는 순간 자본가와 결탁한 국가에 의해 중죄인이 됩니다.

아마 그래서일 겁니다. 모어가 직접적으로 주장하지는 않습니다만, 그의 논의를 따라가다 보면 문득 이런 생각이 들기 마련이지요. 도시의 성장도, 산업의 발전도, 인간 삶의 발전과는 완전히 무관한 것이 아닐까? 애초에 대도시와 자본주의의 성장은 살아 있는 사람으로 그 토대를 만든 것이 아닌가! 어쩌면 그것들은 삶을 고양하기는커녕 저해하는 것 아닐까? 생각해 보면 우리 개개의 삶을 모질고 힘겨운 것으로 만드는 데 일조하는 것이 노동과 돈 아닌가? 그렇다면 이 둘을 강요하는 저 국가라는 존재는 대체 우리에게 무엇이란 말인가?

다시 공유하는 삶으로!

모어가 보기에 헨리 8세가 걱정한 '급증하는 범죄'에 대한 올바른 처방은 단 하나입니다. 사회·경제 시스템의 근본적인 변화지요. 사회가 도둑을 만든 것이라면 책임은 사회에 있는 것이므로 도둑 개개인을 잡아들인다고 문제가 해결될 턱이 없으니까요. 범죄에 대한 과도한 처벌은 절대 근본적인 처방이 될 수 없다는 거예요.

자, 모어는 그럼 무엇을 주장하는 걸까요? 부랑자들에게 다시 농지를 돌려주고 목양지를 다시 공유지로 만들고 다시 영국을 농촌 사회로 되돌려 놓기라도 하자는 걸까요? 놀랍게도 이는 전적으로 틀린 말이 아닙니다. 『유토피아』 1부에서 히슬로다에우스의 주장은 이렇습니다. 인클로저를 통해 사유화한 땅을 공유지로 되돌려 놓는 것은 물론이거니와, 아예 사유재산들을 공유해야 한다!

> 흔히 사람들은 자기가 얻는 것을 모두 자기 사유재산이라고 부릅니다만, 그토록 많은 신구의 여러 법들로도 각자의 소유권을 보장하거나 보호하는 것, 심지어 다른 사람 재산과 구분하는 것도 쉽지 않습니다. 같은 재산에 대해 여러 사람들이 차례로, 혹은 일시에 자기 권리를 주장하기도 하므로 소송이 끝없이 계속되는 것입니다. 이런 일들을 생각하노라면, 플라톤이 모든 물건의 평등한 분배를 거부한 사람들에게 법의 제정을 거절한 것이 이해가 됩니다. 세상에서 최고의 현인이었던 그는 모든 사람이 복리를 누리는 유일한 길은 재화의 완전한 균등 분배뿐이라는 사실을 쉽게 파악했던 것입니다. 그러나 재산이 개인 소유인 곳에서 과연 그런 평등이 이루어질 수 있을지 의문입니다. 아무리 재화

가 풍부하다고 해도 모든 사람이 자신만을 위해 가능한 한 많이 소유하려고 하다 보면 결국 소수의 사람들이 재화를 독점하게 되고 대다수의 사람들은 가난 속에 남겨지게 됩니다.

인클로저가 위의 분석을 효과적으로 증명해 보입니다. 사적 소유는 개인의 탐욕을 더욱 부채질하고 대상을 자신의 재산으로 삼기 위해서라면 어떤 것도 할 수 있다는 의지로 무장시킵니다. 돈만 있으면 많은 사람들 위에 군림하면서 자신의 지위와 재산을 뽐낼 수 있을 테니 말입니다. 사적 소유권이 존재하는 한 시대와 장소를 초월해 어디서도 인간은 서로 평등할 수 없으며 누구든 도둑이 될 수 있습니다. 공유지에 세운 울타리가 한편에서는 지주를 도둑으로, 다른 한편에서는 농민을 도둑으로 만들었던 것처럼 말이지요.

훗날 사회주의 경제학자 칼 마르크스와 프리드리히 엥겔스도 비슷한 이야기를 합니다. 그들에 따르면, 사적 소유와 근대국가는 서로 떼려야 뗄 수 없는 사이랍니다. 작은 규모의 공동체들이 저마다의 규약을 가지고서 생산수단을 공유하고 아이들을 양육하던 오래전에는 사유 개념이 없었대요. 하지만 사적 소유가 생겨나면서 공동체는 자연스레 파괴되고 대신 가족제도가 발전했지요. 나의 처자식, 내 집, 내 논밭, 내 저장고, 이런 것들 모두가 가족제도와 함께 등장한 거죠. 엥겔스에 따르면 가족제도가 점차 발달하면서 지금과 같은 국가 형태가 발달하게 된 거래요. 각각의 가족 및 개인들의 부의 축적을 보장하기 위한 제도, 그게 곧 국가라는 겁니다. 국가는 모두가 잘 살게 하기 위해 만들어진 게 결코 아닙니다. 오히려 각자 알아서 자기 것을 챙기고자 할 때 만들어지는 거지요. 마르크스와 엥겔스가 보기에 국가란 자본가의 소유권과 이익을 보장하기 위한 조직 형태일 뿐입니다. 그들이 자본주의 철폐와 더불어 국가 조직 철폐까지 주장했던 이유도 여기 있지요.

비교적 온건한 어조로 공상적인 이야기를 늘어놓는 『유토피아』가, 저토록 무시무시한 구호를 외치는 마르크시즘과 맞닿아 있다는 것은 아주 놀라운 일입니다만 사실이 그렇습니다. 모어가 히슬로다에우스의 입을 빌려 일관되게 주장하는 것 역시 사유재산 제도의 철폐이며 현재까지 이어져 온 국가 형태에 대한 비판이니까요. 기억하세요. 사유재산 제도의 철폐, 이는 국가 제도의 비판과 떼려야 뗄 수 없는 것입니다. 국가 제도의 비판이 곧 사유재산 비판이며, 사유재산 비판이 곧 국가 제도 비판입니다.

이를 전제로 해서 바라볼 때 비로소 우리는 지식인의 한낱 심심풀이 땅콩이 아니라 심사숙고한 비전으로서의 유토피아 국가를 이해할 수 있게 됩니다. 여러분도 『유토피아』를 읽는 내내 '사유재산'과 '국가' 이 두 개의 키워드는 결코 놓지 마시길!

르네상스 시대의 지식인들

니콜로 마키아벨리(1469~1527)

이탈리아의 정치인이었던 마키아벨리는 당시 많은 학자들이 그랬던 것처럼 왕의 조언자를 자신의 소명으로 삼았다. 그의 대표 저서 『군주론』은 군주의 올바른 통치를 위한 조언서라 할 수 있는데, 정치에 대한 최초의 근대적 정신 및 태도를 엿볼 수 있는 작품이다. 무릇 군주란 윤리적 공상을 접어 두고 합리적으로 통치하기 위해 최선을 다해야 한다는 주장이다. 그러려면 군주는 때로 전통적 윤리와 배치되는 선택을 할 수도 있어야 하며, 전쟁이나 전술 외에 다른 분야에 관심을 가져서는 안 되고, 자비를 베풀 것이 아니라 백성이 두려움에 떨 만한 존재가 되고자 해야 한다는 것이 그의 생각이다. 덕성의 추구와 정치적 성공, 혹은 일반 시민이 길러야 할 자질과 군주가 길러야 할 자질은 별개의 것이라는 마키아벨리의 사상을 일컫는 말이 '마키아벨리즘'이다.

데시데리위스 에라스뮈스(1469?~1536)

마키아벨리와 에라스뮈스는 같은 해에 태어났지만 전혀 다른 길을 걸었다. 마키아벨리가 성공적인 정치를 위한 군주용 교과서 『군주론』을 발표하기 2년 전, 에라스뮈스는 『우신예찬』을 통해 현실 정치의 비윤리성을 조롱하며 인간은 오직 덕을 추구함으로써 진정한 삶을 살 수 있다고 주장했다.

모어, 콜레트 등과 더불어 기독교 인문주의자였던 에라스뮈스는 군주가 가톨릭 신자로서 완성된다면 완전한 의미에서의 덕을 달성할 수 있고, 오직 그렇게 함으로써만 국민을 위한 사회의 기틀이 마련될 것이라고 생각했다. 그래서 그는 모든 지식인, 정치인, 종

교인과 마찬가지로 군주 역시 신이 부여한 이성을 제대로 활용해 악덕을 피하고 선을 끌어안기 위해 최선을 다해야 한다고 주장했다.

마르틴 루터(1483~1546)

루터는 원래 사제가 아니라 법률가의 길을 걷던 시민계급의 청년이었다. 아버지의 뜻에 따라 에르푸르트 대학에서 법학을 공부하던 그는, 어느 날 길 위에서 벼락을 피해 목숨을 건진 뒤 자신의 소명을 깨닫고 성직자가 되겠노라 결심한다. 그리하여 루터는 아우구스티누스 수도회에 들어가 사제가 된다.

성경 연구에 전념한 그가 도달한 결론은 하느님은 인간의 구원을 위해 매개자를 따로 두지 않았다는 것, 즉 교회와 사제가 인간을 구원하는 건 불가능하다는 것, 오직 개개인이 하느님의 진리를 믿는 것이 중요하다는 것이었다. 그런 그가 보기에 교회가 면죄부를 판매하는 것은 신에 대한 모독이자 사람들을 무지와 파멸로 몰아넣는 행위였다.

결국 1517년, 루터는 비텐베르크 만인성자 교회 정문에 「95개조 반박문」을 발표하며 교회 권력과의 정면 승부를 선언한다. 교회의 부패를 비판하던 에라스뮈스를 비롯한 인문주의자들은 대부분 루터와 뜻을 함께했다. 그러나 에라스뮈스는 루터의 곁을 떠난다. 구원에 대한 전권을 신에게 일임한 루터의 신앙에 따르면 인간이 지상에서 할 수 있는 일이란 오직 수동적으로 살피고 기다리는 것밖에 없기 때문이었다.

3장

유토피아,
뒤집어 보고 흔들어 보자

문명의 이름으로 국가를 건설하다

작은 상황극으로 이야기를 시작해 볼까요. 태평양의 어느 작은 섬에서 살다 이제 막 한국 땅에 상륙한 어느 원시 부족민과 맞닥뜨렸다고 상상해 봅시다. 공동체라고는 자신이 속해 있는 부족사회밖에 모르는 그가 이렇게 질문합니다. "여기가 대한민국이라는 '국가'라고요? 국가? 그건 그러니까 커다란 부족을 뜻하나요?" 여러분은 이에 대해 뭐라고 답하겠어요?

길게 설명하기 귀찮거나 버거워서 대충 맞다고 얼버무리지만 않는다면 우리는 그에게 "아니오."라고 답한 뒤 국가가 무엇인지 설명해야 합니다. 어떤 단어들이 떠오르나요? 아마 다들 비슷하겠지요. 국민, 영토, 주권, 헌법, 의회, 대통령, 투표……. 이런 조건들로 이루어진 게 우리의 국가인 건 틀림없으니까요.

그런데 국민이 무엇이고 주권이 무엇인지를 설명하려면 만만치가 않지요. 왜냐하면 현재의 국민, 영토, 주권 개념이 확립되기까지 아주 오랜 시간 동안 수많은 실험과 싸움과 시행착오가 있어 왔으니까요. 그러니 여러분은 태평하게 맨발로 살고 있는 부족민들은 결코 이와 같은 고도의 문명 시스템을 단박에 이해할 수 없으리라 생각할지도 모르겠습니다.

하지만 사실 국가는 커다란 부족사회도, 부족사회로부터 더욱 발전된 형태의 공동체도 아니랍니다. 국가와 부족은 전혀 다른 성격과 지향점을 갖는 상이한 공동체라고 할 수 있지요. 하지만 이를 이해하기 전에 일단 이 장에서는 모어가 생각한 국가란 무엇인지 살펴보고 이어 지금 우리에게 국가란 무엇인지 고민해 보도록 해요.

히슬로다에우스, 국가를 의심하다

가만 보면 우리는 국가를 인류 문명의 정수로 여기는 게 분명한 듯합니다. 동물이나 미개인들과 달리 문명화된 인간들은 보다 나은 삶을 위해 합리성과 정의를 토대로 국가를 형성했노라고 말이죠. 정말 맞는 말 같죠. 인간과 가장 닮았다는 침팬지, 인간과 가장 친하다는 개들도 우리처럼 국가를 형성할 수는 없잖아요. 인류의 진보에 힘입어 우리는 더 이상 조선 시대에서처럼 불합리한 신분제도를 고수하지 않고 그 대신 의회와 투표 제도를 갖춘 민주주의 사회로 진입했습니다. 내 손으로 뽑은 정치인과 내가 참여하는 지역 자치 안에서 보호받으며 살고 있다는 생각, 국가야말로 자국민을 보호하기 위해 발명된 인류 최고의 발명품이라는 생각은 상식 중의 상식 아니겠습니까?

그런데 말이죠, 지금으로부터 무려 500여 년 전에 이미 모어는 이에 대해 굉장히 회의적인 입장이었답니다. '국가는 평화가 아니라 전쟁을 선호하고, 자기 영토를 관리하는 것보다 남의 영토를 탈취하는 데 더 큰 관심을 보인다. 그런데도 지금의 국가가 최선일까?'라는 생각을 했지요. 『유토피아』 1부에서 히슬로다에우스는 이렇게 이야기하는군요.

> 예컨대 프랑스 왕이 이탈리아 전부를 굴복시킨 뒤 플랑드르와 브라반트, 부르고뉴를 영토에 병합할 생각을 합니다. 이에 어떤 보좌관은 베네치아와 동맹을 맺어 공동 전략을 취하고 그들에게 약간의 영토 정복을 허락하되 계획대로 되면 나중에 그 영토를 회수하자고 할 것입니다. 다른 보좌관은 독일 용병들을 고용하고 대신 스위스 용병들을 매수하여 중립을 지키도록 만들자고 할 것입니다. 세 번째 사람은 신성로마제국 황제에게 거액의 금을 제공해서 상처 입은 자존심을 달래 주어야 한다고 할 것입니다. 또 다른 사람은 평화를 유지하기 위해서 아라곤 왕이 나바라의 왕위를 차지할 수 있도록 해야 한다고 할 것입니다. 또 어떤 사람은 카스티야 황태자와 결혼 동맹을 맺는 것이 중요하며 그러기

위해 우선 비밀리에 보조금을 주는 방식으로 카스티야 궁정 귀족들을 매수해야 한다고 말할 겁니다.

지금 모어는 히슬로다에우스의 입을 빌려 당시 유럽의 국가들이 어떻게 자신의 이권을 위해 서로 눈치를 보고 전략을 짜고 이합집산했는지를 잘 보여 주고 있습니다. 여기서 길게 나열되어 있는 것은 모어가 상상력을 발휘해 휘갈겨 쓴 것이 아니라 실제로 프랑수아 1세가 어떻게 다른 영토들을 차지했는지를 잘 보여 주는 것으로서, 이를 통해 우리는 당시 작고 힘없는 나라가 큰 나라들 틈에서 이리저리 치이던 상황을 짐작할 수 있지요.

외국 용병을 고용하고, 상대 나라 귀족을 매수하고, 왕에게 뇌물을 먹이고, 머리를 쥐어짜 속고 속이기를 거듭하는 것, 그것이 당시의 외교이자 정치였습니다. 당시 힘깨나 있는 나라의 군주와 그 보좌관들의 관심은 이렇듯 영토 확장에 있었지 결코 자국을 잘 다스리는 데 있지 않다는 것이 히슬로다에우스의 시각인 겁니다.

물론 우리는 반문할 수 있습니다. "영토를 확장하면 당연히 국력이 신장되고 그러면 국민들의 삶도 개선되는 게 아닌가요?"

이에 대한 히슬로다에우스의 대꾸는 이렇습니다. "군대를 유지하려는 국왕에게는 금이 아무리 많아도 부족하다!"

무슨 말이냐고요? 한번 생각해 봅시다. 전쟁을 일삼는 국왕을 둔 나라는 군대를 위한 식량과 자금을 조달하느라 그야말로 허리가 휠

지경이 될 겁니다. 부국강병을 모토로 나라가 전쟁을 일삼는 동안 국고는 바닥나고 토지는 황폐화되겠지요. 급기야 백성들이 병사로 출전하고 자기 부엌의 솥과 국자까지 내놓아야 할 판입니다 히슬로다에우스가 보기에 통치자의 시선이 바깥을 향해 있는 한, 내국인들은 결코 더 나은 삶을 살 수 없습니다. 그나마 가지고 있던 소유물을 빼앗기지나 않으면 다행이지요.

이와 연결 지어 히슬로다에우스는 다음과 같은 이야기를 들려주는군요. 지금 궁정 안에 머리를 맞대고 있는 국왕과 그의 보좌관들이 국고를 채우기 위해 어떤 전략을 짜내고 있는지 한번 보자고요.

> 어떤 사람은 국왕이 돈을 갚아야 할 때는 화폐가치를 높이고, 돈을 걷을 때는 다시 낮추자고 합니다. 그렇게 하면 거액을 소액으로 갚을 수 있고, 소액만 거둘 수 있는 상황에서 거액을 모을 것입니다. 다른 사람은 전쟁을 일으키는 척해서 그 핑계로 세금을 걷자고 합니다. 일단 돈이 들어오면 왕은 멋진 의식을 치르며 평화조약을 맺어야 하는데, 사람들은 자비로운 국왕이 국민의 생명을 지키느라 그렇게 했다고 믿을 거라는 겁니다. 또 다른 보좌관은 낡은 법안을 되살리자고 합니다. 그런 법이 있는지도 몰라 사람들이 위반하며 살았던 그런 법 말입니다. 이를 위반한 사람들에게 벌금을 물리면 국왕은 돈을 벌면서 동시에 국왕이 정의를 수호하고 법과 질서를 지킨다는 명망도 얻는다는 것입니다.

이 역시 모어의 한갓 상상이 아닙니다. 실제로 왕이 돈을 갚을 때와 돈을 받을 때 화폐가치를 달리하는 것은 에드워드 4세, 헨리 7세, 헨리 8세가 써먹은 수법입니다. 전쟁 명목으로 세금을 거둬들인 뒤 전쟁을 하지 않을 조건으로 다시 상대 국가로부터 뇌물을 받은 왕은 헨리 7세였지요. 옛 법안을 되살려 벌금을 거둬들인 짓도 헨리 7세가 종종 했던 일이랍니다. 히슬로다에우스는 물론 직접적으로 왕의 실명을 거론하지도 않고 이 모든 일이 잉글랜드에서 일어난 것들이라 말하지도 않습니다. 이런 일을 상상해 보자고 하면서 실제 있었던 일들을 슬쩍 들먹이고 있는 거지요.

그러니까 모어는 가상의 인물을 만들어 그가 가상 상황을 통해 사회를 비판하도록 만들었습니다만, 정작 그 가상 상황이란 모두 실제 일어난 일들인 겁니다. 하여 눈치 빠른 독자들은 여기서 건드리는 게 누구누구인지 쉽게 알아채 통쾌함을 느낄 것이며, 또 어떤 독자는 그만 격분하고 말겠지요. 에라스뮈스가 『우신예찬』에서 그랬듯 모어 역시 스트레이트로 잽을 날리기보다는 예상되는 상대의 공격을 요리조리 피해 가며 교묘한 속임수와 능청으로 소기의 목적을 달성하는 파이터였던 거예요.

그의 목적은 물론 국가와 국왕, 통치에 대해 비틀어 이야기함으로써 실제 잉글랜드의 정치를 비판하는 것이었죠. 서로 비슷한 사람들끼리 모여 자기들끼리 쑥덕대는 게 정치이고, 대다수 사람들의 삶이 아니라 왕과 귀족의 배를 불릴 궁리만 하는 것이 정치라고 말이에요.

그러므로 이들에게 전쟁은 불가피합니다. 백성의 삶을 희생시키는 한이 있더라도 전쟁은 반드시 치러야 하지요. 왜? 국왕이 부유해질 수 있으니까! 전쟁은 백성 돈으로 치르고 전쟁의 성과는 국왕의 손으로 움켜쥐는 것, 그게 바로 전쟁의 본질이니까요.

솔직히 말해서 왕의 입장에서 백성이 궁핍해지는 것은 고민할 거리가 아닙니다. 백성들의 삶에 기름이 돌면 오히려 문제입니다.

> 왕은 백성들에게 가급적 적은 것만을 남겨 주는데, 그 이유는 백성들이 부와 자유로 인해 오만해지는 것을 막아야만 왕의 안전이 보장되기 때문이라는 겁니다. 사람들이 부유해지고 자유로워지기까지 하면 가혹하고 정의롭지 못한 명령을 참아 내려고 하지 않는 반면, 가난에 빠지면 영혼이 무뎌지고 그래서 참을성도 커지며 그 결과 억압받는 사람들에게서 고매한 저항 정신을 없애 준다고 믿는 것입니다.

참으로 무시무시한 이야기 아닙니까? 서민들이 가난해야 하는 이유는, 그래야만 그들이 오직 생존만을 소망하게 되어 겁 많아지고 나약해지고 순종적으로 길들여지기 때문이랍니다. 여유가 생기면 생각이 많아지고 힘도 세져서 저항 정신이 자라나고 자기 의견을 피력하고자 할 테니까요.

모어는 그럼 국가를 없애 버리자고 주장하려는 것일까요? 확실히 이 이야기를 따라가다 보면 국가는 선물이 아니라 차라리 저주이자 지긋지긋한 감옥처럼 느껴질 지경이기는 하죠. 하지만 그렇다고 국가를 버리고 원시인이 되자, 혹은 각자 흩어진 채 알아서 살자고 말하려는 것 같지는 않아요. 이에 대한 근거로 1부 중반에 나온 아주 의미심장한 대화를 꼽을 수 있습니다.

"플라톤은 철학자가 군주가 되든지 군주 자신이 철학자가 되어야 나라가 행복해진다고 했습니다. 그런데 철학자들이 심지어 군주에 대한 조언마저 하지 않으면 행복의 가능성은 멀어지지 않겠습니까?"

"만일 군주들이 철학자들의 충고를 받아들일 준비만 되어 있다면 그들은 기쁜 마음으로 봉사를 했을 겁니다. 그리고 실제로 저서를 통해 충고를 했습니다. 그렇지만 군주 자신이 철학적이지 않으면 진짜 철학자들의 충고를 결코 받아들이지 않으리라는 플라톤의 예언이 맞습니다. 플라톤 자신이 그런 경험을 했습니다. 내가 만일 어떤 군주에게 유익한 법을 제안하고 그의 영혼에서 사악함과 타락의 씨앗을 제거하려고 노력한다면 나는 곧 추방당하든지 경멸스러운 취급을 당하고 말 겁니다."

그러니까 히슬로다에우스는 철학적인 군주, 혹은 철학하는 군주의 존재를 아쉬워하고 있지요. 그 자신이 철학적이지 않은 군주에게는 제아무리 훌륭한 철학자가 조언을 한들 먹혀들지 않을 거라고 말입니다.

여기서 히슬로다에우스가 염두에 두고 있었던 건 기원전 그리스의 철학자 플라톤이 『국가론』에서 주장한 '철인 통치'입니다. 한 나라를 다스리는 사람은 철학자가 아니면 안 된다, 세계와 인간에 대한 깊은 통찰력을 소유한 자만이 사회를 바르게 통치할 수 있다는 주장이죠. 그런데 이 같은 주장의 전제가 되는 건 사회체가 거대한 제국이 아니라 폴리스(polis), 그러니까 작은 도시국가여야 한다는 것입니다. 말하자면 공유재산제가 확립된 도시 공동체, 정치적 삶을 영위하는 독립적이고 자유로운 시민들의 국가지요.

솔직한 말로, 지금 우리 눈에 플라톤이 고안한 국가는 급진적일 뿐만 아니라 거의 불가능한 것처럼 보이죠. 사유재산 제도 폐지라니요? 통일국가가 아니라 공동체 단위의 삶이라니요. 그런 게 가능하기나 한가요? 그런 나라에서 잘 먹고 잘 살 수 있을까요?

모어가 정말로 그럴 수 있다고 믿었다고는 자신 있게 말할 수 없습니다만, 어쨌거나 모어가 어떤 것들을 자기 시대의 문제로 여겼는지는 어느 정도 확실해진 것 같습니다. 한 사람의 통치자에게 모든 것을 일임하는 제도의 비합리성, 한편으로는 귀족의 방탕과 사치를, 다른 한편으로는 빈민들의 기아와 범죄를 조장하는 몹쓸 사회구조가 문제라고 생각한 것이지요. 이런 사회구조는 자유민을 통치하는 법을 모르는 무능력한 자를 왕으로 떠받들게 하고, 결국 그자를 왕이 아니라 감옥의 간수에 가까운 존재로 만들고 맙니다.

하여 모어는 이 같은 문제의 반전상을 2부에 그려 보였고, 그것은 짐작하다시피 플라톤이 주장한 국가론의 현현이라 할 만합니다. 그 국가는 만백성을 악몽 속에 밀어 넣고서 저 홀로 안정과 평화를 구가하는 단 한 명의 왕이 이끄는 통일 제국이 아닙니다. 그것은 교육받은 자유민들이 스스로 만들고 이끌어 가는 도시국가입니다.

똑같은 구조로 형성된 54개의 도시들의 연합체인 유토피아는 30가구마다 한 명씩 매해 새로 선출되는 관료들이 가꾸는 공화국입니다. 사유재산제가 폐지되고 모두에게 원하는 일과 학문에 매달릴 수 있는 일정 시간이 부여되는 세계. 말하자면 유토피아는 어떠한 단일 권력으로부터도 독립되어 있는 자들의 평등한 관계로 이루어진 국가입니다.

사실 16세기에 플라톤의 주장을 근거로 사유재산제의 병폐를 꼬집은 학자들은 모어 말고도 많았다고 해요. 하지만 플라톤적 국가를 끝까지 밀어붙일 정도의 과감함을 보여 준 건 오직 모어뿐이었지요. 비판만 일삼을 뿐 현실적 대안을 주장하는 데 있어서는 미진한 학자들 사이에서 모어가 내민 가상 국가 유토피아의 모습은 일견 우스꽝스러웠을 수도 있지만 동시에 찬탄할 만한 것이었을 테죠. 이렇게 볼 때 모어의 의도는 잉글랜드의 정치 문제에 대한 비판과 더불어 동시대학자들의 안이함에 대한 비판 모두였던 건지도 모르겠다는 생각이 드는군요.

'최선의 공화국' 유토피아

2장에서 살펴본 바와 같이 모어의 시대는 인클로저 운동 등으로 초기 자본주의의 기틀이 마련되고 정치와 사회 문제를 고민하는 지식인들이 대거 출현했으며, 국가라는 이름의 공동체가 자리를 잡아 승승장구하던 시기입니다. 요동치는 사회의 한가운데에서 모어는 동료들과 함께 시대의 어두움을 마주해 이에 대해 말하길 쉬지 않았지요.

그들은 묻기 시작했어요. 이 사회의 문제점들을 해결하기 위해 무엇을 해야 하지? 법적·제도적으로 필요한 것은 무엇이지? 이 같은 질문들이 모어의 상상을 부추겼어요. 이제 그에게 남은 일은 '최선의 공화국과 유토피아 섬에 대하여'라는 제목의 글을 쓰는 일이었지요.

그래요, 모어는 분명 이렇게 말하고 있습니다. 유토피아는 '최선의 공화국'이라고요. 잉글랜드를 비롯한 유럽의 국가들과 확연히 다른 점들이 이 섬에서 확인됩니다. 유럽의 불평등이 사라졌고, 유럽의 탐욕이 관리되었고, 유럽의 불합리가 조정되었습니다. 모두가 행복하고 모두가 현재에 만족하며 사는 나라, 그야말로 지상의 천국이 바로 이곳이지요.

충동을 다스려라

이런 나라가 유지되기 위해서는 세세한 곳에서 효과적으로 작동하는 제도와 약속들이 있어야겠지요? 『유토피아』 2부에서 모어가 기술한 것이 바로 유토피아의 관습과 제도에 관한 것들입니다. 이를테면 국가의 살림을 도맡아 하는 '원로원'은, 조금의 실수나 부정의도 미연에 방지하기 위해 이런 규칙을 마련해 놓았군요.

> 원로원에서는 어떤 안건이 제기된 첫날 바로 그 문제에 대해 논의하지 않는다는 규칙이 있습니다. 즉, 모든 안건들은 다음 회의로 넘겨서 논의합니다. 어떤 사람이 머리에 바로 떠오르는 생각을 무심결에 이야기하고는 그 어리석은 충동적 견해를 방어하기 위해 전력을 다하는 일이 일어나지 않도록 하기 위해서라고 합니다. 그래야만 공익을 지킬 수 있기 때문입니다. 일부 사람들은 자신이 부주의했다든지 생각이 짧았다는 것을 인정하지 않고 계

속 고집을 부려서 국가의 공익을 위태롭게 할 수도 있으니까요.

그러니까 정치를 제대로 수행하기 위해서는 무엇보다도 '충동'을 다스려야 합니다. 인간 개개인에게 그때그때 나타나는 충동은 즉흥적인 말과 행동을 낳고, 모든 문제가 거기서 비롯되니까 말이에요. 그러니 이를 잘 다스릴 수 있는 사람들을 뽑아야 하고, 모든 결정은 시간을 두고 내려야 합니다. 만사를 그르치지 않고 잘 처리하기 위해서는, 특히 국가의 공익을 지키기 위해서는 충동을 방어할 수 있을 만한 현명함이 요구된답니다.

이 같은 태도는 유토피아 주민 개개인의 삶에 대해서도 똑같이 적용됩니다. 충동과 욕망을 적절히 통제해 절제하는 삶을 살아야 하는 거지요. 욕망을 억제하지 못한다면 늘 채우지 못한 것에 대한 결핍감을 느끼고, 이를 채우기 위해 분수를 넘는 선택을 하게 마련이니까요. 그러다 보면 남의 것을 원하게 되고 공공의 재산을 탕진하게 되고요. 이를 복구하기 위해 어떤 누군가가 비용을 들이고 노동을 해야 하는 것은 피할 수 없는 일이지요. 필요 이상의 노동은 결국 인간의 욕심이 낳은 결과입니다. 그래서 유토피아에서는 꼭 필요한 만큼만 갖고 꼭 필요한 만큼만 노동하면서 살기 위해 구성원 모두가 절제해야 합니다.

가령 건물의 건축과 수리를 위해, 그것도 단지 취향 때문에 거액의 돈을 쓰는 다른 나라 사람들과 달리 유토피아인들은 계획과 통제하에 적은 비용만으로 튼튼한 집을 짓습니다. 주거를 위한 공간을 단순

엘리자베스 1세의 초상화 윌리엄 스크로츠가 13세 무렵의 엘리자베스 1세를 그린 초상화로, 각진 네크라인과 세모꼴로 넓게 퍼진 치마가 16세기에 유행하였음을 보여 준다.

과시용으로 짓지 않을뿐더러 한번 지은 집은 세심하게 관리하므로 결코 방치되는 건축물이 없습니다.

옷도 그래요. 유토피아인들은 남들에게 잘 보이기 위해 옷을 입는 법이 없습니다.

> 이들의 작업복은 가죽으로 만든 느슨한 옷인데 무려 7년이나 씁니다. 외출할 때는 이 거친 옷 위에 외투 하나만 걸치면 됩니다. 이 섬의 주민들 모두 똑같은 색 외투를 입는데 그 색은 자연 그대로의 양모 색깔입니다. 이들이 주로 입는 건 아마로 만든 옷인

데, 아마 옷은 하얀색이면 충분하고, 모직 옷은 깨끗하기만 하면 된다고 생각하며, 고급 직물을 높이 평가하지 않습니다. 다른 곳에서는 색깔이 다른 네다섯 벌의 외투와 비단 셔츠를 가지고도 사람들이 만족하지 않는가 하면, 멋 부리기를 좋아하는 사람은 열 벌을 가지고도 충분치 않다고 생각합니다. 그러나 유토피아 사람들은 한 벌로 만족하며 그 옷을 2년 동안 입습니다. 더 많은 옷을 가지고 있어 봐야 추위를 더 잘 막는 것도 아니고 더 멋지게 보이는 것도 아니기 때문에 아예 원치를 않는 것입니다.

이처럼 쓸데없이 자연을 낭비하고 노동 시간을 늘리지 않겠다는 결심에 대해서는 누구도 이의를 제기할 수 없습니다. 생각해 보면 지금 우리도 쓸데없는 것을 위해 너무 많은 비용을 지불하며 살고 있지요. 더 따뜻하거나 더 시원해지는 것도 아닌데 계절별로 스무 가지 이상의 옷을 구비해 놓고 매일 갈아입고 세탁 바구니에 던져 놓습니다. 10미터 떨어진 곳에서는 보이지도 않을 텐데 속눈썹에 마스카라를 칠하고 피어싱과 타투를 합니다. 더 영양소가 높거나 더 오래 열량이 지속되는 것도 아닌데 온갖 맛집을 돌아다니며 밥과 디저트를 사 먹습니다. 이런 생활을 유지하기 위한 비용이 만만치 않아서 아르바이트를 하고, 정작 정말 필요한 데에는 돈을 쓰지 못하지요.

그뿐 아닙니다. 아직 오지도 않은 미래의 나를 위해 현재의 삶을 비용으로 치릅니다. 미래에 아파트와 자동차와 멋진 배우자를 얻기 위해 현재의 시간을 남김없이 지불하지요. 유토피아인들에게 이보다 더 바보 같은 짓은 없을 겁니다. 그들은 이렇게 말할 거예요. "인간은 현재에 충분히 만족하며 살아야 합니다. 현재를 즐거워할 수만 있다면 가지지 못한 것에 대한 아쉬움도, 미래에 대한 불안과 근심도 다 사라질 겁니다."

이를 위해 유토피아는 여러 제도를 통해 무엇보다도 사람들의 일상에 대해 세세하게 조정과 통제의 기술을 발휘합니다. 먹고, 마시고, 잠들고, 일하는 매일의 행위 속에 우리의 욕망과 충동들이 새겨져 있으며, 또한 행위와 더불어 새로운 욕망들이 생산되니까요. 과도한 욕망에 사로잡히지 않고 풍요로운 삶을 누릴 수 있는 방법을 고민하는 유토피아 사람에게서는 금은보화에 대한 애착을 결코 찾아볼 수 없습니다. 진주나 다이아몬드도 아이들이 가지고 노는 장난감일 뿐입니다.

> 그들은 값이 헐한 도기 접시와 유리잔으로 음식을 먹으면서 요강과 평범한 그릇 같은 것은 금과 은으로 만듭니다. 이것들은 모두 공공장소에서나 개인 집에서나 가장 저급한 기물들입니다. 노예들을 묶는 사슬이나 족쇄 역시 귀금속으로 만듭니다. 마지막으로 일평생 명예롭지 못한 행위의 표시를 달고 다녀야 하는 범법자들은 금귀고리와 금목걸이를 해야 하고 심지어 금관을 머리에 써야 합니다. 즉 이 사람들은 금과 은을 가능한 한 최대의 조롱거

「**추수하는 사람들**」 대 브뤼헐이 그린 16세기 중반 농민들의 모습. 누워서 쉬고 함께 새참을 먹는 모습 속에서 느껴지는 한가로운 정취가 유토피아 농촌의 분위기와 맞닿아 있다. 뉴욕 메트로폴리탄 미술관 소장.

리로 만든 것입니다. 그 결과 다른 나라 같으면 금은을 잃어버릴 경우 마치 자기 내장을 빼 준 것처럼 안타까워하겠지만 이 사람들은 동전 한 닢만큼도 아까워하지 않습니다.

한 가지 제도만 더 살펴볼까요? 유토피아에서는 도시와 농촌 간의 빈부 격차가 없고, 모두가 도시와 농촌에서 두루 편안하게 생활할 수 있습니다. 땅을 더 차지하려고 애쓰는 사람도 없습니다.

시골 지역 전역에 일정한 간격으로 건물이 지어져 있고 그 안에 농기구들이 비치되어 있습니다. 이 건물에는 도시민들이 교대로 와서 거주합니다. 시골집들에는 적어도 40명의 남녀와 두 명의 노예가 삽니다. 그리고 각 농가는 사려 깊고 나이 지긋한 남녀 감독관이 관리를 하게 되어 있습니다. 30가구마다 한 명의 책임자가 있습니다. 도시민들은 2년 동안 농사일을 한 다음 도시로 귀환하는데 매년 20명씩 교대하게 되어 있습니다. 20명이 도시로 돌아가고 대신 새로 20명이 농촌에 와서 일 년 먼저 와 있던 사람들로부터 일을 배우게 됩니다. 일 년 뒤면 이 사람들 자신이 새로 도착하는 사람들에게 일을 가르치겠지요. 만일 모든 사람들이 신참이고 일에 서투르다면 농사를 망치게 될 테니까요. 이러한 당번제는 확고부동하게 이어져 내려온 관습입니다.

이와 같은 제도들로 '최선의 공화국' 유토피아가 탄생했습니다. 일정량의 토지에서 일정 시간 일을 한다면 농촌이 도시에 착취당하는 일도 없을 것이고, 부쳐 먹을 땅이 없어 배를 곯는 사람도 사라지겠지요. 유토피아인이라면 모두가 자기 차례에 일을 해야 하니 누구는 하루 12시간 노동을 하는데 누구는 거기서 얻은 이윤을 거저 취하는 일도 없을 겁니다. 그뿐 아닙니다. 잉글랜드에서는 사람들이 긁어모으기에 혈안이 된 금과 은이 여기서는 요강의 재료나 아이들 장난감 정도로 취급됩니다. 그러니 몸속 뼈를 키워 주지도 않는 이런 것들을 모으기 위해 애면글면할 필요가 없지요.

이 같은 제도들 덕분에 유토피아 사람들은 돈을 벌기 위해 자신의 귀중한 시간과 자기 몸뚱이를 팔지 않고도 살 수 있게 되었습니다. 누구도 다른 누구를 착취할 수 없으며, 구성원 모두가 평등하고 평화롭게 하루하루를 보냅니다.

모두를 위해 모두를 통제한다?

욕망을 통제해 소박하게 삶을 향유하는 것은 충분히 가치 있는 일입니다. 이에 대해서는 우리 모두 순순히 고개를 끄덕일 수 있겠지요. 하지만 개개인의 욕망을 다스리는 데 공동체의 계획과 통제가 수반되어야 한다는 것은 근심할 만한 이야기 아닌가요? 개인마다 취향과 필요에 따라 살고 싶은 집이 다를 수 있잖아요. 입고 싶은 옷이 다르고, 먹고 싶은 음식이 다를 수도 있고요. 하고 싶은 일도 다르고, 작업의 능률이 오르는 시간과 시기도 다를 겁니다. 그런데 유토피아에서는 이 모든 것을 통제하려는 것 같아요. 융통성을 조금 발휘해도 좋지 않은가 물을 수도 있겠죠. 하지만 유토피아 원로원은 이렇게 대꾸할 거예요. 만약 하나하나 허용해 주기 시작하면 유럽의 수많은 공화국들과 하등 다를 것이 없지 않겠냐고요.

그러므로 유토피아 사람들이 생각하기에 이와 같은 결정은 불가피합니다. 모두가 빠짐없이 행복할 수 있는 사회를 위해 한 명 한 명의 취향을 고려할 수는 없는 겁니다. 누군가가 하나를 더 누리면 누군가는 하나를 잃어야 합니다. 한 집단이 더 많은 것을 소유할 때 다른 집단은 희생을 감수해야 하고요. 때문에 각 집단, 가족, 개개인의 충동을 조절할 수 있도록 교육, 가족, 의료, 주거, 노동 등 전반에 걸쳐 세심한 규칙이 마련되어야 한다는 겁니다.

덕분에 유토피아 시민들에게는 의무 사항이 아주 많습니다. 몇 가지만 살펴볼까요? 일단 집들이 드문드문 떨어져 있는 농촌과 달리 도시에서는 식사 시간이 되면 병자를 제외한 모든 시민이 회관에 모여 차려진 음식으로 식사해야 합니다. 나이와 성별, 하는 일 등에 따라 식탁 자리도 정해져 있고, 식사 순서도 정해져 있습니다. 식사는 일단 책을 읽는 것으로 시작해야 하고, 식탁마다 앉아 있는 노인들은 그와 관련된 대화를 주재해야 하지요. 탐욕과 오만을 방지하고 지혜를 기르기 위한 관습으로서 유토피아인들은 이를 매우 기꺼운 마음으로

이행한다고 하지만, 우리가 보기에는 뜨악하죠.

히슬로다에우스가 들려주는 이야기는 점입가경입니다. 유토피아에서 환자들은 극진히 간호되지만, 만약 환자의 병이 나을 기미를 보이지 않으며 환자가 그 때문에 모진 고통에 시달린다면 사제와 공무원들이 찾아와 설득하기 시작합니다. "이렇게 아프면 당신도 고통스럽고 당신의 주변 사람들도 고통스럽지 않은가? 당신은 더 이상 의무를 다할 수 없으며 사회에서 짐이 된다. 살 만큼 살았으니 이제 결단을 내려야 한다. 그만 이 고통에서 스스로를 해방시켜라."

만약 그 스스로 할 수 있다면 자살하되, 그럴 수 없다면 주변에서 안락사를 시키는 것, 이것이 불치병 환자에게 필요한 마지막 행위입니다. 사제라는 사람이 너무 비인도적인 것 아니냐고 여러분은 묻고 싶겠죠. 하지만 이들의 논리는 명확합니다. 삶이 더 이상 기쁘지 않고 고통이고 감옥이라면 하루라도 빨리 끝을 내는 것이 보다 현명한 일이라는 거죠. 유토피아에서 이는 신성하고 경건한 일로 간주된다는군요.

결혼 풍습에 대한 이야기에 이르러서는 '이게 정말 말이 되나?' 싶기도 하지요. 엄격한 일부일처제를 지향하고 난잡한 성생활을 규제하기 위해 유토피아 주민들은 벌거벗은 채 선을 본다지 뭐예요? 결혼 전에 신랑, 신부가 될 두 사람이 보호자의 입회하에 서로에게 벗은 몸을 보여 주는 거예요. 이 말을 들은 히슬로다에우스가 웃음을 터뜨리자, 유토피아인들은 "당신들은 말을 살 때는 마구를 벗겨 내고 이곳저

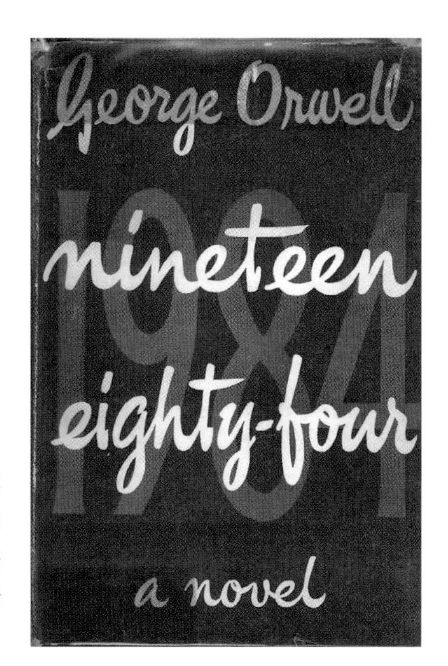

『1984년』 초판 표지 1949년 런던에서 출간된 조지 오웰의 『1984년』 초판의 표지. 주인공 윈스턴 스미스는 빅브라더의 통제에서 벗어나 줄리아와의 자유로운 사랑을 꿈꾸지만, 결국 발각되어 그녀를 배신하고 만다.

곳을 세밀하게 살펴보면서 평생을 함께할 배우자를 선택할 때는 믿을 수 없을 정도로 주의를 기울이지 않는다."며 오히려 다른 나라의 풍속을 지적했다고 해요.

자, 이렇다 보니 어느새 우리의 눈에 유토피아는 최선의 공화국이 아니라 무시무시한 통제 사회, 혹은 전체주의 국가처럼 보이고 맙니다. 조지 오웰의 소설 『1984년』에 나오는 '빅브라더'가 모두를 감시하는 세계와 유토피아가 다를 바 없어 보이지요. 모두의 행복을 위해 모두가 통제되는 사회니까요. 누군가는 이런 삶에 만족하겠지만, 혹여 만족하지 못하는 사람들, 그래서 이의를 제기하는 어떤 사람들은 가차 없이 처벌당하는 사회는 유토피아의 보이지 않는 일면일지 모릅니다.

> 보다시피 이 나라에서는 빈둥거리거나 시간을 허비할 길이 없으며, 일을 피할 방도가 없습니다. 술집이나 맥줏집, 매음굴이 없으니 타락할 기회가 아예 없는 셈이지요. 숨을 곳도 밀회를 할 공간도 전혀 없습니다. 만인이 주시하는 가운데 살기 때문에 일상적인 자기 일을 하든지 건전한 방식으로 여가를 즐길 수밖에 없습니다. 그런 생활방식은 당연히 우리 삶에 유용한 것들을 풍족하게 만들고 또 그러면서도 모든 것을 공유하므로 결과적으로 누구도 가난에 빠지거나 구걸을 하는 일은 없습니다.

「이퀼리브리엄」이라는 할리우드 영화가 잘 보여 준 것이 바로 평등·평화 사회의 이 같은 어두운 면이었죠. 인간의 욕망이 끝내 끔찍한 세계 전쟁을 낳았던 지난 세기를 극복하기 위해 새로운 세기의 인류는 '프로지움'이라는 약물을 사용하기 시작합니다. 이 약물을 통해 모든 사람들이 온순해지고 똑같아집니다. 만인의 행복을 위한다는 명분하에 개개인의 충동을 누르는 거죠. 덕분에 독재자는 유순해진 인간들을 다스리면서 승승장구합니다.

이렇게 보건대 유토피아를 꿈꾸는 사람들이 하나같이 선택한 방식은 문제될 만한 요소들을 제거하는 것이었던 듯해요. 유토피아 공화국의 제도들, 약물 프로지움, 모두를 감시하는 빅브라더는 모두 이른바 '소거법'에 기반하고 있습니다. 이전의 실패를 자양분 삼아 그때 문제를 일으켰던 것들을 처음부터 제거해 버리면 보다 완벽한 사회가 되리라 믿은 거죠. 사유제를 폐기하고 공유제를 확립했으며, 일정 기간마다 약물을 투여해 모든 위험을 초래하는 감정들을 누르고, 개인의 일거수일투족을 감시해 사람들이 자기 자신을 통제하도록 만들지요. 이렇게 하면 전쟁도 사라지고 부익부 빈익빈도 사라지고 악랄한 범죄도 사라지리라 믿었어요.

여러분들이 보기엔 어때요? 우리가 사는 이 세상보다 훨씬 완벽한 곳처럼 보이나요? 훨씬 합리적이고 이성적인 공간이라고 여겨지나요? 아니면 조금 답답해 보이나요?

이에 대해 답하기 전에 함께 생각해 보고 싶은 게 있어요. 지금 사는 곳보다 좋은 곳, 더 나은 세상을 꿈꾸는 건 누구에게나 있는 자연스러운 일입니다. 누구나 더 나은 것을 바라고, 그것을 위해 애쓰며 살아가지요. 그런데 방법이 정말 이것밖에는 없는 걸까요? 그러니까 더 나은 사회를 만들기 위해 우리가 할 수 있는 일은 이처럼 현재의 우리 삶에서 나타나는 문제들을 하나하나 제거하는 것밖에 없는 건가요? 더 나은, 더 아름다운 세상을 꿈꾸는 사람들이 할 수 있는 일은 오직 이것밖에 없나요?

국가, 그 미친 존재감

우리 모두가 꿈꾸는 최선의 공화국, 완벽한 나라……. 여기서 '최선'과 '완벽'을 지향하는 수많은 사람들이 유토피아를 향한 길을 택했습니다. 하지만 우리는 조금 다른 길을 택해서 걸어 보면 어떨까요? 그러니까 유토피아를 꿈꾼 사람들, '유토피아주의자'가 한 번도 문제 삼지 않은 '공화국', '나라'에 대해 생각해 보는 거죠. 해명할 필요도 없이 자명하다고 여기는 국가에 어쩌면 숨겨진 비밀이 있는지도 모르잖아요.

유토피아주의자들에게 있어 국가는 이미 정해져 있는 것, 그러므로 그들에게 관건은 더 나은 국가, 보다 새로운 국가를 만드는 것이었을 테죠. 하지만 보다시피 그렇게 했을 때 유토피아란 지금 사회에 있는 것들을 하나하나 제거하고 통제하는 방식으로밖에는 존재할 수 없게

돼요.

그러니 우리, 그와 다른 길을 걸어 보자고요. 이제부터 살펴봅시다. 요리조리 둘러보고 파헤쳐 보고 뒤집어 보아요. 유토피아주의자들에게는 공기처럼 자연스럽고 당연했던 바로 그것, '국가'를 말이죠.

모두가 잘 사는 나라를 위하여

『유토피아』에서 이런 대목은 묘하게 심금을 울립니다.

> 유토피아에서는 모든 것이 공유이므로 공공 창고가 비지 않는 한 누구도 필수품 부족에 대해 걱정할 필요가 없습니다. 분배는 그들에게 전혀 문제가 되지 않습니다. 유토피아에서는 빈민도 없고 걸인도 없습니다. 어느 누구도 소유하는 바가 없지만 모든 사람이 부자인 것입니다. 생계에 대한 근심 걱정 없이 즐겁고 평화롭게 사는 것보다 더 부유한 삶이 어디 있습니까? 누구도 돈 문제 때문에 아내의 바가지 긁는 소리에 시달리지 않고, 아들이 극빈층으로 떨어지지 않을지, 딸의 지참금은 마련할 수 있을지 걱정하지 않습니다. 누구나 자신과 가족의 생계와 행복에 대해 안심하고 지냅니다. 아내, 아들, 손자, 증손자, 고손자에 이르기까지 걱정이 없습니다. 더 이상 일을 하지 못하게 된 사람들도 열심히 일하는 사람들과 마찬가지로 잘 보호받습니다.

모어가 살면서 목격한 세계가 도대체 어떤 곳이었는지, 그래서 그가 어떤 화두를 손에 쥘 수밖에 없었는지를 아주 잘 보여 주거든요. 왕을 비롯한 일부 계층이 권력을 휘두르고 재산을 긁어모으며 승승장구하는 동안 다른 한쪽에서는 수많은 사람들이 굶어 죽거나 오직 생존을 위해 범죄자가 되어 나라 안을 떠돌아다녀야 했습니다. 이런 모습을 보면서 모어의 문제의식은 점차 확고해졌지요. 진실로 모두가 잘 사는 나라가 되기 위해 선행되어야 할 것은 무엇인가? 그는 이렇게 답합니다. 나라 안의 모든 것을 공유화해야 한다고요. 사유화의 조짐을 불러올 만한 그 어떤 것도 법으로 섬세하고도 철저하게 통제해야 한다고 말이죠.

그렇기에 유토피아 섬은 사유재산 제도가 철폐된 도시 공동체로서 출현합니다. 정확히 말하면 여러 도시들의 연합체지요. 하나의 강력한 중심을 제거하는 대신 각 도시들에 자치권을 부여하는 거죠. 그렇게 하여 절대 권력을 움켜쥔 지배자는 사라지고 도시의 정치적 독립과 자유가 보장됩니다. 아마도 절대왕정과 같은 형태가 존속된다면 경제적 사유화는 언젠가 부활하리라는 염려가 모어에게 있었던 것 같아요. 하지만 유토피아 같은 공화국에서라면 모든 사회 구성원들이 먹고살 일을 걱정하지 않고 그야말로 행복한 삶을 누릴 것이라고 생각했던 거지요.

바로 이 대목에서 우리는 모어의 전제를 발견할 수 있습니다. 이 전제는 『유토피아』 전체를 움직이고 있으면서도 단 한 번도 『유토피아』

에서 되물어진 적이 없지요. 어쩌면 그는 이것을, 따로 지면을 할애해 해명할 필요조차 없는 진실이라고 느꼈던 걸지도 모르겠군요.

이제 막 장미전쟁이 끝나고 튜더 왕조에 의해 그 기틀이 마련된 잉글랜드. 이제야 '국가'와 '국민'과 '국어'가 탄생한 신생 국가 잉글랜드를 목격한 모어에게 있어 국가는 커다란 가능성의 장소였습니다. 중세 시대의 어지러웠던 잉글랜드는 사라졌고 이제 새로운 가능성들을 머금은 빛나는 잉글랜드가 만들어진 참입니다. 이전에는 하지 못했으나 이제는 가능합니다. 개인들은 국가 안에서 행복할 수 있습니다. 교회에 헌금을 바치거나 미신에 물들지 않고도 불안함 없이 현재를 살 수 있습니다. 이것은 당시 모든 인문주의자들의 염원이었지요.

여기에는 하나의 강한 믿음이 있습니다. 곧 국가 및 국가 제도에 대한 믿음입니다. 정의와 합리성 위에서 기틀을 마련한 국가 위에서라면 서로 다른 개인들도 화합하며 행복을 추구할 수 있습니다. 국가의 행복은 곧 개인의 행복이요, 개인들이 행복하다면 그게 곧 국가의 행복인 겁니다.

하지만 애초 국가는 어떻게 생겨난 걸까요? 행복을 추구하는 인간들은 거의 본능적으로 국가를 추구하기 마련인 걸까요? 모어는 국가의 형성까지 거슬러 올라가 질문하지 않았으나, 플라톤은 『국가론』에서 이를 설명하려 했어요. 어떤 청년과 대화를 나누는 도중 소크라테스는 이렇게 말하지요. "한 사람이 한 가지 필요 때문에 다른 사람을 맞아들이고, 또 다른 필요 때문에 또 다른 사람을 맞아들이는 식으로

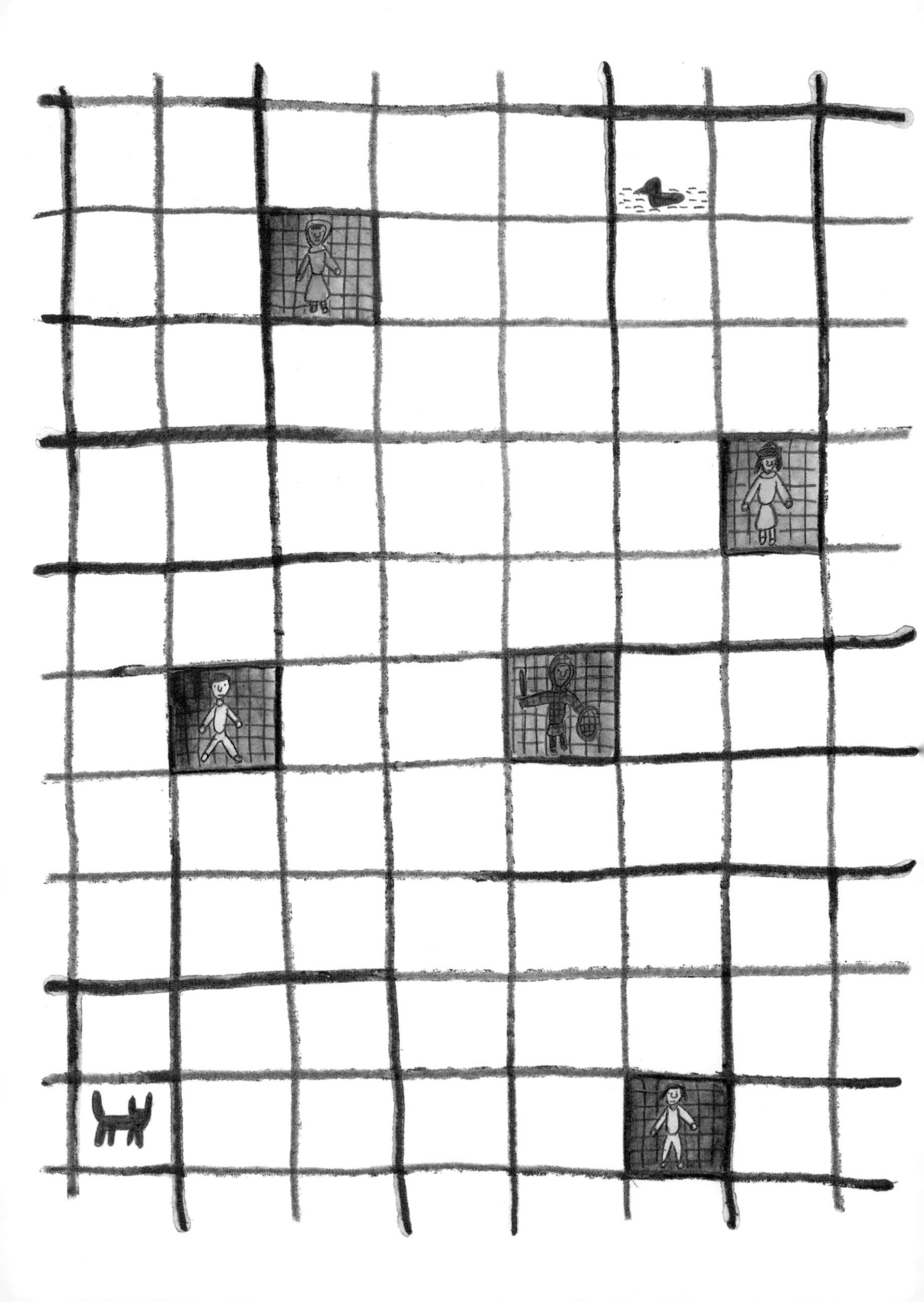

하는데, 사람들에겐 많은 것이 필요하니까, 많은 사람이 동반자 및 협력자들로서 한 거주지에 모이게 되었고, 이 '생활 공동체'에 우리가 폴리스라는 이름을 붙여 주었네."

그러니까 인간은 '필요'에 의해 모여 산다는 거지요. 한 사람이 농사일을 돌보며 집을 짓고 바느질을 하고 음식까지 마련하는 것보다야 서로 다른 일을 하는 사람들이 모여 협동하며 사는 것이 훨씬 효율적이니까요. 이렇게 서로 다른 일을 하는 사람들과 모여 살아야 하다 보니 질서유지를 위해 누군가 나서서 이 모임을 잘 다스릴 필요가 생겼지요. 이것이 플라톤이 설명하는 국가의 기원이랍니다. 국가의 형성도, 사회계약도, 누군가에 의한 통치도 모두 인간의 본능과 필요에 의한 결과라는 거죠.

모어의 경우는 어떨까요? 그 역시 국가를 인간 삶의 가장 이상적인 형태로 보았습니다. 하지만 국가라는 시스템은 잘 관리하지 않으면 하자가 생기기 마련이라고 생각했지요. 16세기를 살았던 그가 공공복지를 고민하고 누구보다도 극빈층의 삶을 염두에 둔 것은 독자들에게 깊은 인상을 남기기 충분합니다. 왕궁에서 온갖 풍요를 누리는 왕족, 대저택과 땅을 지닌 귀족, 수도원과 교회에 모여 사는 성직자들은 모어에게 논외입니다. 최선의 공화국 유토피아 안에 그들이 설 자리는 없습니다. 그들이 가진 모든 것이 이미 박탈되었거나 혹은 그들 자체가 제거되었습니다.

유토피아를 고민하면서 모어가 눈길을 보낸 대상은 당시 잉글랜드에서 최하층 사람들이었습니다. 짐승처럼 부려지다가 쓸모없어지면 죽어야 하는 사람들 말입니다. 땔감을 위해 나무를 베거나 떨어진 나뭇가지를 모으고 나귀에게 줄 여물을 대령하고 빨래를 대신 해 주는 대가로 그날 밤 먹을 죽이나 빵을 얻는 사람들. 저 끝에서 이들을 기다리는 것은 조만간 굶어 죽거나 도둑 혹은 창녀가 되어야 할 운명 외에 없는 것처럼 보였지요.

그러니까 『유토피아』는 비참한 운명을 지닌 사람들을 향한 모어의 시선 끝에 탄생된 책이라 할 만합니다. 그는 사람들을 비참한 운명으로 몰아넣는 주원인을 사회에서 찾았고, 사회의 병폐를 없앰으로써 모든 사람들이 풍요롭게 살 수 있길 바랐지요. 그가 보기에 범죄의 원인은 불평등한 경제구조에 있었습니다. 사회구조를 근본적으로 손보지 않는 한 살인과 절도는 계속될 것이라고 생각했죠.

말하자면 강도와 살인자들은 국가가 낳은 불운한 아이들입니다. 국가가 잘 보살피지 않아 그만 비뚤어지고 만 아이들이에요. 이렇게 표현할 수도 있겠지요. 그들은 국가의 모자람을 증명하는 결정적 증거입니다.

로빈 후드, 모어를 만나다

한 가지 재미난 상상을 해 볼까요? 만약에 말예요, 영국의 민담에 등장하는 신화적 도둑 '로빈 후드'와 모어가 만난다면 어떻게 되었을까요? 다들 한 번쯤 들어 보았죠? 활을 기가 막히게 잘 쏘았다는 사내, 숲에서 무리를 이끌면서 도둑질을 일삼은 사내, 훔친 것을 가난한 사람들과 나누었다는 그 전설의 사내 말이에요. 12세기의 백작이라는 설도 있으나 뭐, 우리로선 알 수 없지요. 아무튼 그 사내가 실제로 16세기 잉글랜드에서 맹위를 떨쳤다면, 모어는 그에 대해 뭐라고 했을까요?

『유토피아』의 주장에 따르면, 국가가 잘 정비되어 최선의 공화국으로 변모한다면 로빈 후드는 국가의 품 안으로 돌아올 것이 분명합니다. 이유가 있어 집을 나간 탕아가 무사히 돌아와 훌륭한 시민으로 성장했노라는 감동적 스토리가 만들어지기 위해서는 양친이 존경할 만해야 하죠. 양친이 자신의 모자람을 깨쳐 존경할 만한 점을 갖추기만 한다면 탕아는 반드시 돌아옵니다. 국가와 그 구성원에 대한 이와 같은 낙관적 전망이 『유토피아』에는 분명하게 있습니다. 이렇게 표현할 수도 있겠습니다. 비뚤어진 로빈 후드도 포섭할 수 있을 만큼 역량이 강화된 국가, 그것이 곧 최선의 공화국이라고.

보다시피 이 같은 관점 안에서라면 로빈 후드는 영락없이 국가 내의 소외 계층을 대표하는 존재가 됩니다. 도적단의 우두머리이지만 어찌 됐든 소외 계층입니다. 하지만 로빈 후드를 전혀 다른 시선으로 보는 것도 얼마든지 가능합니다. 여기서 중요한 키워드는 역시 국가입니다.

여러분, 로빈 후드 무리의 이야기가 21세기 현재까지 영화며 뮤지

컬 등으로 꾸준히 각색되어 널리 사랑받는 이유가 무엇일까요? 국가로부터 소외된 계층의 이야기이기 때문이라고 답하기는 아무래도 어렵겠지요. 자료를 찾아보지 않아도 모두 알고 있잖아요. 긴 세월 동안 전승되어 오면서 로빈 후드는 어느덧 민중 영웅의 모습으로 변모했습니다. 임꺽정이나 일지매처럼 로빈 후드 역시 스스로 싸움에 나선 의롭고 용감한 도둑이라는 이미지가 강하지요. 왜, 로빈 후드와 그 친구들은 원하는 바를 얻기 위해 활을 쏘았고, 그렇게 하여 얻은 것들을 가난한 자들과 함께 나누었다고 알려져 있잖아요. 그들은 억압받는 하층민이 아니라 혁명 전사의 옷을 입고 세상을 활보하지요.

우리가 주목해야 할 것도 바로 이겁니다. 말하자면 로빈 후드는 자신의 행복을 나라 혹은 지배자에게 요구하는 일이 결코 없었다는 거예요. 대신 손에 들고 있는 칼과 활을 통해 원하는 것을 직접 획득하려 했어요. 그들은 이미

로빈 후드 동상 13세기 중반부터 잉글랜드의 여러 곳에서 전해진 민담 속의 영웅이다. 실존 인물인지는 확실하지 않지만 민중의 영웅으로 소설과 노래, 영화로 재탄생하였다. 사진은 오늘날 영국 중북부 노팅엄에 있는 동상.

압니다. 왕과 귀족이 이끄는 정치는 결코 가난한 자들을 고려하지 않습니다. 이는 비판할 필요조차 없는 것입니다. 왜냐하면 왕이 이끄는 정치란 게 애초 그런 것이기 때문이죠. 실수로 놓쳤다거나 무능력해서 그르친 게 아니라, 존재론적으로 그런 것입니다. 그러므로 차라리 그와 무관하게 삶을 개척하는 것이 보다 현실적입니다. 로빈 후드와 임꺽정은 그래서 마을이 아니라 숲 내지는 산속에서 살길 택합니다. 누군가의 힘에 기대지 않고 온전히 자신들의 힘으로 필요한 것을 획득하고, 자발적으로 이룬 공동체에서 획득물을 나누고자 하죠.

나라가 이들을 적으로 규정하고 공격한 이유는 단지 그들이 도둑이어서만은 아닐 겁니다. 그들이 택한 삶의 방식이 나라 자체를 공격한다는 걸 직관적으로 알았기 때문이지요. 왕의 다스림 바깥에서, 나라 없이, 사회적 관습과 제도에서 모두 비켜난 채로도 인간이 살 수 있다는 것, 그것도 자족하면서 살 수 있다는 것을 그들이 보여 주기 때문이에요. 이건 그러니까 나라의 존립 자체를 위협하는 일인 셈이죠.

로빈 후드와 임꺽정의 혁명성을 여기서 말할 수 있겠습니다. 그들은 몸소 보여 줍니다. 백성을 위해 나라는 이러저러해야 한다, 좋은 나라는 이러저러한 나라다……. 이런 말은 하등 필요가 없어요. 나라를 제아무리 개혁해 봤자 그 역시 나라일 뿐입니다. 수많은 이익집단이 얽혀 있고, 권력이 어느 한쪽에 집중되어 있고, 내건 약속을 지키기에는 덩치가 너무 크지요. 내가 직접 한 약속과 계약이 아니건만 그에 얽매여 살아야 하는 게 나라고요. 그런 나라 안에서 행복해질 수 있는 자는 왕밖에 없습니다. 수많은 사람들은 바짝 엎드려, 잘못한 것도 없는데 주눅이 들어 국가의 명령을 수행해야 합니다. 하지만 그러는 사이 생활은 점점 더 피폐해지고 납작해지고 말지요. 그러니 로빈 후드가 보기에는 나라를 벗어나는 게 최선이었던 거예요.

우리, 국가주의자들

국가의 수립은 인간의 자연스러운 본능에서 기인한다고 여기는 사람이 보기에 로빈 후드가 만든 도적단은 국가의 전 단계일는지 모르겠습니다. 여기서 조금 더 진화·발전하면 종국에는 그 역시 국가가 될 수밖에 없다고 생각할지도 모르죠.

그런데 말예요, 그렇다면 국가란 국가 안팎에 존재하는 모든 공동체 위에 존재하는 가장 거대한 공동체라는 소리인가요? 모든 공동체의 최종 목적지가 정말 국가인가요? 공상 속에서 그린 국가 외에는 단 한 번도 평화롭지도 자율적이지도 못했던 그 국가가 모든 공동체의 이상이란 말인가요? 정치적 이유로 국가를 떠난 망명자들, 주민증을 반납하거나 불태우면서 자신은 더 이상 대한민국 국민이 아니라고 몸소 주장한 대추리 주민들이나 밀양의 할머니들, 오래전 법의 바깥에서 살길 택한 로빈 후드와 임꺽정은 국가 바깥에서 다시금 국가를 만들기 위해 목숨을 걸고 싸운 것일까요? 국가를 형성하지 않은 채 부족사회를 이뤄 살아온 아메리카 대륙의 선주민, 또 다른 곳의 소수민족들은 미개해서 국가를 만들지 못한 걸까요, 아니면 스스로 어떤 이유 때문에 국가를 만들길 거부한 걸까요?

만약 이런 질문을 한 번도 품어 보지 못했고, 지금 당장도 이 질문이 너무 낯설거나 터무니없게 들린다면, 우리도 모어와 같은 전제를 공유하고 있었던 셈이죠. 그러니까 우리에게 국가의 존재는 해명할 필요조차 없는, 그 자체로 자명한 진리입니다. 인간은 국가 안에 있어야 하고, 오직 국가 안에서만 안전과 평화를 구가할 수 있다는 거죠.

어렸을 때부터 우리는 알게 모르게 배워 왔어요. 유관순 누나와 이승복 어린이는 용감한 애국자입니다. 일본과 북한은 한때 이 나라의 존립을 위협했거나 현재 위협하고 있으므로 잠재적 적국입니다. IMF 때 온 국민이 금 모으기 운동을 한 이유는 나라가 망하지 않도록 하기 위함입니다. 이런 말도 우리는 심심치 않게 하곤 합니다. 나라가 이렇게 어려운데 힘을 합치기는커녕 대통령과 정부를 비방하고 반대 시위를 하는 노동자 및 수많은 단체들은 위험하고 해로운 존재라고요.

이처럼 국가, 어찌 되었든 국가입니다. 국가는 나를 낳고 길러 보호하는 양친입니다. 그러니 국가가 없다고 상상하는 것만으로도 크나큰 공포를 느끼고 말지요. 국가가 사라지면 당장 뉴스 속의 난민들처럼 보트피플이 되어 배 위에서 비참하게 죽게 될 것 같고요.

물론 '나는 국가를 그렇게까지 생각하지 않는데?'라고 생각하는 사람들도 분명 있으리라 생각합니다. 일상에서 우리는 국가를 잊고 산다고, 국가를 그렇게 염두에 두고 살지 않는다고, 국가가 내 삶의 최

아일란 쿠르디를 추모하는 꽃과 촛불 2015년 9월 터키 해안에서 세 살짜리 아일란 쿠르디가 익사한 채 발견되어 큰 충격을 주었다. 2011년부터 시작된 내전으로 시리아 인구의 절반 이상이 난민이 되었고 터키와 그리스, 헝가리 등 유럽으로 향하는 난민들의 위태로운 행렬은 지금도 계속되고 있다.

우선은 아니라고 말입니다.

하지만, 어쩌면 우리가 열심히 공부를 하고 회사에서 일을 하고 저금을 하는 것도 국가적 사고의 연장선상에 있는 것은 아닐까요? 그 모든 것들이 국가의 바깥으로 떨어지지 않기 위한, 그러니까 제도권 안에 어떻게든 머물러 있기 위한 안간힘이라고 본다면 말이에요. 가출 청소년 혹은 노숙자가 되어서는 정부의 혜택을 받을 수 없잖아요. 백수는 4대 보험의 보장을 받지 못하고 전과자는 보호가 아니라 감시를 받는 입장에 처하게 되고요.

인지하지는 못하지만 우리가 아등바등하는 대부분의 일들은 국가 및 국가 제도와 긴밀한 관련을 맺고 있습니다. 우리가 경쟁 구도 안으로 거침없이 자기 몸을 들이미는 것도 이 때문이지요. 지금 우리는 그야말로 국가의 '미친 존재감'이 쉼 없이 사방에서 발산되고 있는 시공간에서 살아가고 있는 것인지도 모르겠습니다.

플라톤에게도 모어에게도 정답은 국가였습니다. 인간 개개인의 삶을 최고의 것으로 만들기 위해 국가는 반드시 존재해야 합니다. 그러므로 국가는 구성원들을 잘 보살필 의무가 있으며, 구성원들은 국가를 잘 따를 의무가 있습니다.

21세기 대한민국에 사는 우리들의 생각도 이와 크게 다르지 않습니다. 우리는 국가를 보살피고 국가 제도를 따라야 합니다. 그것이 우리 자신을 위한 길이기 때문이지요.

수많은 전문가들의 고심 끝에 섬세하게 다듬어져 세세하게 작동하는 수많은 제도와 법규를 우리가 따라야 하는 것도 이 때문입니다. 비단 처벌 때문이 아니더라도 대개의 시민들은 제도와 법을 준수하며 살아갑니다. 이따금 눈앞에서 법규를 어기는 사람을 보고서 자신에게 해를 끼친 것도 아닌데 분노하기도 하지요. 그래서 그들에 대한 '신상털기'에 나서기까지 하고요. 이는 국가와 법의 내면화 없이는 가능하지 않은 일입니다.

모든 제도는 잔혹하다!

앞서 보았다시피 잉글랜드의 법과 제도의 모순과 한계를 목격한 뒤 모어는 기존 제도들을 갈아엎고 훨씬 합리적이면서 인간의 실제 삶에 밀착된 제도를 마련하고자 했습니다. 그것은 나라 전체의 살림과 사법의 권역 외에도 개인의 일상, 건강의 문제, 취미의 영역에서까지 작동하는 제도였지요. 모든 사회 구성원들이 빠짐없이 삶을 풍요롭고 안락하게 누릴 수 있도록 하기 위해 고안된 최상의 약속이었습니다.

하지만 문제가 있습니다. 제아무리 좋은 제도를 만든다 한들 국민은 만족할 수 없다는 사실이 그것입니다. 책 속 세계에서 육신 대신 활자로 활동하는 유토피아인은 만족할지 몰라도, 여기 이렇게 살아 있는 우리들은 결코 그에 만족할 수 없습니다. 왜냐하면 우리는, 살아 있으니까요. 인간은 결코 평면적이지 않으니까요. 살아 있으므로 매번 다르게 느끼고 생각하고 욕망하는 인간에게 국가가 만든 일률적 제도는 억압이 될 수밖에 없습니다.

"아니 그렇다면 모든 법률과 규범을 다 없애자는 말이야? 무법 지대에서 살아도 좋다는 거야?" 여러분 중 누군가는 놀라서 이렇게 되물을지도 모르겠어요. 지금부터 이 문제에 대해 함께 살펴보기로 해요.

'스탠다드'한 인간이 존재할까?

생각해 봅시다. 우리는 저마다 다른 몸을 타고났고, 하여 저마다 다르게 세계를 감각하지요. 누군가는 색채에 민감하고 누군가는 소리에 민감합니다. 원하는 것도, 피하는 것도 각자 달라요. 좋고 싫은 것의 차이는 개구리와 인간처럼 서로 다른 종(種) 사이에만 있는 게 아닙니다. 살다 보면 우리 모두 경험하는 일이죠. 내게 옳은 것이 누군가에게는 옳지 않은 것이 되기 일쑤예요.

그뿐 아닙니다. 똑같은 나라고 해도 어제 내가 원한 것과 오늘 내가 원하는 것이 다릅니다. 10년 전의 나와 지금 나의 취향과 이상향도 다릅니다. 말하자면 우리는 서로 다르고, 나조차 매번 다릅니다. 한 번도 우리는 같았던 적이 없습니다. 왜냐하면 우리는 그야말로 충동의 존재니까요. 우리 신체는 서로 다른 충동들이 만나고 부딪히고 싸우는 장소입니다. 어느 순간에는 이 충동이 이기고 어느 순간에는 저 충동

이 이기지요. 그때마다 우리는 다른 것을 느끼고, 심지어 다른 존재가 됩니다. 우리가 신체를 가지고 있는 한 이는 피할 수 없는 일이에요.

사회체의 유지와 운영이 어려운 이유가 바로 이것입니다. 서로 다르고 매번 다른 우리가 의견을 일치시키며 살기 위해서는 크고 작은 전쟁을 벌일 수밖에 없는 거죠. 우리 몸 안에서 충동들이 매번 싸우듯 우리도 다른 사람들과 매번 싸우는 거예요.

그런데 제도는 '스탠다드'한 인간을 상정함으로써만 만들어질 수 있습니다. '인간은 이러저러하다.'는 규정, '훌륭한 인간은 이러저러해야 한다.'는 당위 없이 제도는 만들어질 수 없지요. 모두가 다 다르다고 인정해 버리면 모두에게 똑같이 적용해야 할 제도를 만들 수 없으니까요. 그렇다 보니 모든 제도가 선의에 의해 만들어졌다 해도 일종의 억압, 폭력이 될 수밖에요.

그토록 간절한 모어의 바람에도 유토피아는 이 지점에서 한계에 부딪히고 맙니다. 유토피아는 평면적 인간들의 세계입니다. '스탠다드'한 인간에서 벗어난 낯선 존재를 견딜 수 없는 그런 세계예요. 섬세하게 고안되어 잘 정비된 제도들을 어지르는 존재를 배척해야 유지될 수 있는 곳이죠. 『파리의 노트르담』에서 노르트담 대성당이 이교도와 혼혈인과 광인 등 모든 이질적 존재들에게 문을 굳게 닫아 건 것과 마찬가지로, 모어의 세계 역시 그렇습니다. 개개인에게 순간순간 나타나는 다종다양한 충동들을 잘 조절하는 것이 그들의 제1 목표지요.

유토피아는 다른 것을 배척한다

이에 대한 의미심장한 메타포처럼 보이는 대목이 『유토피아』에 있습니다. 도시 거주민들의 생활 방식을 설명하다가 식료품 시장에 대해 이렇게 설명하네요.

> 이곳에는 온갖 채소와 과일, 빵이 들어옵니다. 생선, 육류, 가금류는 도시 외곽의 정해진 곳에서 흐르는 물로 피와 내장을 처리한 다음 이 시장으로 들여옵니다. 도살과 내장 처리는 전적으로 노예들에게 맡기고 시민들에게는 아예 금지하였습니다. 유토피아인들 생각에 우리의 친구와도 같은 짐승의 도살은 인간성이 발휘할 수 있는 최상의 감정인 연민을 점차 파괴한다는 것입니다. 그뿐 아니라, 이 나라 사람들은 공기 중에 부패의 냄새가 배고 그 결과 전염병이 도는 일이 없도록 더럽고 불결한 것들을 도시 안으로 들여오지 못하게 막습니다.

식용 시체들은 도시 밖에서 일련의 정화 과정을 거친다, 고귀한 유토피아인들의 정신을 해칠 만한 일은 전적으로 노예들에게 맡긴다, 병을 일으킬 만한 모든 요소를 사전에 막는다……. 여러분은 이를 어떻게 생각하나요? 제가 보기에 이는 실로 굉장한 결벽증이라고 생각되는데 말이에요. 자신의 청결과 건강을 위해 미친듯이 주변을 쓸고 닦고 세균, 병균으로 짐작되는 모든 것을 사전에 차단하고자 하는 사람처럼 유토피아도 그렇게 강박적으로 위생에 매달려 있는 것처럼 보여요.

이를 하나의 비유처럼 읽어도 된다면, 여기에서 우리는 이질적인 것을 거부하는 유토피아의 특성을 발견할 수도 있습니다. 유토피아는 유토피아의 제도에 동의하는 사람만을 유토피아인으로 받아들이고자 합니다. 동의하지 않는 자들은 배척해야 해요. 왜냐하면 그들은 보균자 내지는 전염병 환자와도 같으니까요. 그들은 도시 질서를 흩뜨릴 수 있습니다. 다른 시민들에게 불온한 사상을 심어 줄 수 있습니다. 이상한 생각과 행동을 충동질할 수도 있습니다.

한때 좀비들이 등장하는 만화와 게임, 영화들이 쏟아져 나온 것도 이런 맥락으로 한번 생각해 볼 수 있을 것 같아요. 좀비, 그들은 위험한 존재, 위험을 퍼뜨리는 존재, 도시 전체를 아수라장으로 만들고 사람들을 자신과 똑같은 존재로 만드는 비(非)인간들입니다. 그래서 사회는 무의식적으로 좀비를 두려워합니다. 그들이 당장에라도 문명인을 병자로, 더 나쁘게는 괴물로 만들고, 도심지를 쓰레기장으로 만들어 버릴 것만 같아서요. 그래서 가출 청소년은 쉼터에, 노숙자는 시설에, 정신이상자는 정신병원에 수용하는 거지요.

유토피아도 좀비와 전염병 환자들을 배척합니다. 일단 세척해 보고, 그래도 안 되면 막습니다. 유토피아 전체의 건강을 위해 그렇게 합니다.

제도에 의지하면 인간은 약해진다

이반 일리치(Ivan Illich, 1926~2002)라는 사람이 있습니다. 출생지는 오스트리아지만 어느 나라에도 속하지 않은 채 살다 죽은 학자인데, 제 생각에는 그보다 더 급진적인 사상가는 21세기에 아직 출현하지 않은 것 같습니다. 신부였으나 교회를 비판하면서 사제직을 스스로 버렸고, 한쪽 얼굴에 종양이 생겼으나 현대 의료 시스템에 반대하며 병원 치료를 거부했지요. 자신의 건강을 타인의 손에 넘긴 뒤 두려움에 떨면서 기계들 사이에서 숨을 거두길 원치 않는다고 말이죠.

학교 제도를 비판하고, 의료 제도를 비판하고, 국가 제도까지 비판하면서 그는 수많은 사람들이 당연시하는 삶의 스타일을 다시 보도록 했습니다. 우리들이 안온함을 느끼는 주거 환경과 다양한 사회복지 시설이 우리 자신을 나약하게 만든다는 사실을 일깨워 주었지요. 그에 따르면 편의를 추구할수록 인간은 약해진답니다. 자신의 삶과 신체를 스스로 돌보고 다스릴 힘을 상실하고 이미 만들어진 것, 획일적인 것에 자기 몸을 맞추느라 생기를 잃고 초라해진대요. 하인들과 정원 딸린 대저택에 사는 사람은 식구들과 함께 직접 지은 작은 집에서 사는 사람보다 훨씬 무력하답니다.

여기 소개하고 싶은 것은, 인도에서 진행된 어떤 강연에서 일리치가 했던 이야기입니다. 오전에 인도의 성자 마하트마 간디가 살았던 오두막에 잠시 머물렀다면서 그는 다음과 같이 말했습니다.

이반 일리치 신학자이자 교육자, 사상가이다. 그는 『학교 없는 사회』, 『그림자 노동』 등의 책을 통해 현대 문명이 인간을 나약하고 쓸모없는 존재로 만든다고 주장하며 제도화된 삶에서 벗어나 본질적인 가치를 되찾아야 한다고 주장했다.

온갖 편의를 짜 넣은 주택은 우리가 약해졌음을 보여 주고 있습니다. 우리는 살아갈 힘을 잃을수록 재화에 의존합니다. 사람들의 건강은 병원에 의존하고 우리 아이들의 교육은 학교에 의존하는 것과 비슷합니다. 애석하게도 병원도 학교도 한 나라의 건강이나 지성의 지표가 되지 못합니다. 사실 병원 수는 사람들의 건강 상태가 얼마나 나쁜지를 보여 주는 지표이고, 학교 수는 사람들이 얼마나 무지한지를 보여 주는 지표입니다. 마찬가지로, 삶에서 편의 설비가 많으면 사람살이에서 표현되는 창의력이 최소한으로 줄어듭니다.

—『과거의 거울에 비추어』 중에서

일리치는 국가에 반대하고 제도에 따르길 거부했습니다. 인간 개개인의 고유함을 지우고 획일적인 욕망과 획일적인 라이프 스타일을 강요하기 때문입니다. 그래서 일리치는 공동체마다 자신에게 맞는 '스타일링 비법'을 창안하길 요구하지요. 자신이 살고 있는 지역의 풍토, 식습관, 관습 등에 따라 몸을 돌보고 자연과 관계 맺으라고 말이에요. '웰빙', 잘 존재한다는 것은 그런 것입니다. 남들이 하라는 대로, 뉴스에서 보도하고 텔레비전이 광고하는 대로 유기농 채소를 사다 먹고 거위털 침구류를 장만하고 기능성 의복을 구입해 요가나 레저 스포츠를 즐긴다고 해서 잘 존재하는 게 절대 아닙니다. 자신의 욕망을 스스로 살피고 이를 실현하기 위해 역량을 펼치는 것이 아니라, 사회가 만들어 놓은 시스템과 도구 안에 자신을 밀어 넣으면서 인간은 필연적으로 의존적이고 나약한 존재로 변모합니다. 특정한 누군가가 소외시키는 것이 아니라 자신이 스스로를 소외시키게 되는 거지요. 자신을 소외시키지 않는 삶을 사는 것, 오직 이를 통해서만 우리는 제도 안에서 잃어버린 힘을 되찾을 수 있답니다.

의미심장한 삼천포

『유토피아』 전체에서 가장 뜬금없는 대목을 이야기할 차례가 온 것 같습니다. 금과 은을 경멸하는 유토피아인들에 대한 설명에 뒤이어 히슬로다에우스는 유토피아인들의 도덕철학을 말하기 시작하는데요, 이거 뭔가 생뚱맞다는 느낌을 지울 수가 없습니다. 왜냐하면 다른 대목들과 달리 여기에서는 제도에 대한 설명도, 이것이 실제 삶에서 가져온 효과에 대한 묘사도 없이 유독 장황하게 '썰'을 풀고 있거든요. 게다가 그 내용이 하필이면 재미없게도 도덕에 대한 이야기지요. 한참 재미난 이야기를 하다 말고 삼천포에 빠진 격이라고나 할까요.

여러분 각자 이 대목을 어떻게 읽을지 모르겠으나 저는 이 대목이 『유토피아』에서 요철 중의 요철이라고 생각합니다. 이것을 어떻게 해석하느냐에 따라 모어의 유토피아론에 대한 해석도 달라질 수 있다고 생각해요.

우리는 유토피아의 모든 제도를 뒷받침하는 근본정신으로 이를 이해할 수 있습니다. 하지만 유토피아 제도의 한계를 극복하기 위해 개인에게 필요한 자질이라고 이해할 수도 있답니다.

고통 없는 삶이 있을까?

우선 첫 번째 방식으로 읽어 볼까요? 이런 대목이 보이네요.

> 이 사람들은 대부분 건강이야말로 최고의 육체적 쾌락이라고 봅니다. 질병에는 고통이 내재해 있고 또 고통은 쾌락의 중대한 적이므로, 질병이 건강의 적인 만큼 쾌락은 분명 안정적이고 양호한 건강 속에 내재해 있음에 틀림없다고 그들은 추론합니다. 혹시 고통은 병 자체가 아니며 단지 거기에 동반되는 '효과'라고 주장할지 모르겠습니다. 그러나 유토피아 사람들은 그 차이가 없다고 주장합니다. 건강이 쾌락 그 자체이든 혹은 단지 쾌락의 원인이든(불이 열의 원인이듯이) 항상 건강을 지키는 사람이 쾌락을 소유한다는 사실은 그대로 유지됩니다.

이처럼 모어의 쾌락론에 따르면 고통은 회피되어야 할 것이며 쾌락은 추구되어야 할 것이 되지요. 물론 여기서 말하는 쾌락은 자신의 몸을 망치고 일상을 뭉개는 '사이비 쾌락'이 아닙니다. 진실한 쾌락은 오히려 안정 내지는 자족(自足)의 상태를 가리킨답니다. 병이 고통인 이유는 그것이 몸을 불편하게 해 마음의 안정을 잃게 하고 판단 능력을 앗아 가기 때문이죠. 따라서 마땅히 병을 치유해 고통으로부터 자유로워져야 합니다.

언뜻 보면 전혀 이상한 것이 없는 이야기입니다. 실제로도 우리는 병을 나쁜 것으로 보고, 그래서 감기에 걸릴라치면 얼른 병원으로 달려가 주사를 맞고 약을 처방받지요. 고통과 쾌락은 서로 대립되는 것이며, 쾌락이 좋은 것인 만큼 고통은 나쁜 것이다, 그러므로 쾌락을 추구하고 고통은 회피하거나 없애야 한다. 이것이 고통과 쾌락에 대한 우리의 상식입니다.

이 같은 상식을 통해 세운 나라가 유토피아입니다. 내내 말한 것처럼 유토피아는 고통이 제거된 나라잖아요. '최선의 공화국' 유토피아는 현재의 사회가 앓고 있는 고통을 없애기 위해 결국 많은 것을 제거하길 택했지요. 그래서 이 도덕적이고 금욕주의적인 국가는 표백된 사회의 형태가 되고 말았습니다. 이곳은 유럽 사회에 잠재해 있는 모든 갈등 요소가 제거된 사회입니다. 문제 될 만한 사항들이 소거되어 새하얗게 세탁된 장소지요. 모어에게 현재의 고통은 부정적인 어떤 것입니다. 그러니 한시바삐 치워 버려야 해요.

한데 생각해 보세요. 고통 없는 삶이란 게 가능한가요? 우리가 살아 있는 한 고통은 피할 수 없는 것 아닌가요? 우리 중 누구도 원하는 대로 살 수 없고, 원하는 대로 살게 되었다 해도 금세 다른 것을 원하게 되어 지금 손에 쥔 것을 못마땅하게 여기고 말잖아요. 혹시 지금이 너무 행복한 사람이라면 그게 또 고통의 원인이 될 수 있지요. 언제까지나 이렇게 살고 싶어도 그럴 수 없을 테니까요. 사람도, 관계도, 물건들도 모두 언젠가는 늙고 쇠약해져 사라져 버리기 마련이니까요. 이런 게 삶입니다. 무언가를 사랑하게 되면 사랑한 만큼 고통스럽기 마련이죠.

따라서 고통을 회피하고자 하는 것은 삶 자체를 회피하는 것과 같습니다. 고통 없는 삶을 꿈꾼다는 것은 이곳과는 전혀 다른 세계를 꿈꾸는 것입니다. 그러한 세계가 곧 기독교에서 말하는 피안이고, 이상주의자들의 유토피아죠. 이 모두가 지금을 사랑하지 못하고 자신을 사랑하지 못해 삶에 대한 원한만 가득하게 된 자들이 꾼 꿈 아닐까요?

위에서 본 모어의 쾌락론을 근본 사상으로 만들어진 게 곧 유토피아라고 볼 수 있습니다. 고통을 제거하고 안정을 얻고자 했던 사람들이 꾼 꿈이죠. 그것이 고통받는 자들의 절박한 꿈이었다는 사실을 부정할 수는 없겠습니다만, 그러나 그 꿈은 이뤄질 수 없는 꿈이자 이뤄지는 즉시 악몽으로 변할 꿈이라는 사실을 외면할 수도 없겠습니다.

개인의 덕을 길러라

이제 두 번째 관점에서 이야기를 읽어 보겠습니다.

책을 읽는 동안 종종 고개를 갸웃거리게 되는 건, 『유토피아』의 거의 모든 독자들의 공통된 경험입니다. 예컨대 다음과 같은 주장들을 접할 때는 확실히 그렇죠. 식민지를 건설하는 것은 자연스러운 일이고, 그곳 원주민이 저항한다면 전쟁을 불사해야 한다. 전쟁을 해야 할 때는 외국인 용병을 고용함으로써 자국인의 인명 피해를 피한다. 패전국의 국민들은 노예로 삼는다…….

이런 대목과 맞닥뜨리고 나면 유토피아가 잉글랜드를 비롯한 유럽 국가들의 진정한 대안이라고 말하는 히슬로다에우스의 주장이 조금 무색해집니다. 작중 화자인 모어도, 여기 우리 독자들도 모두 이렇게 생각할 수밖에 없습니다. 유토피아는 결코 완성태가 아니라고요.

혹자는 이를 두고 끝없는 극복 과정의 필요성을 역설하는 것이라 주장할 수도 있겠지요. 완성이란 없는 것이며, 오직 중단 없이 시도하고 싸우는 과정을 통해 매번 유토피아가 탄생할 수 있으리라고 말입니다.

그런데 이와 조금 다르게 생각해 볼 수도 있습니다. 그러니까 유토피아가 보여 주는 것은, 제도를 통해서는 끝내 해결 불가능한 문제들이 존재한다는 사실이 아닐까 하는 거죠. 제아무리 완벽한 제도를 만든다 한들 한계가 있습니다. 완벽한 제도를 빠져나가는 수많은 사람과 삶이 있는 데다가, 제도의 완벽을 꾀할수록 엄격한 통제가 가동될 테니까요.

자, 그러면 대체 어떡해야 할까요? 유토피아는 끝내 이상적인 나라가 될 수 없고, 사람들은 늘 고통에 시달리는데 말입니다.

모어는 이런 고통을 피하기 위해 인간에게 '덕'이 요구된다고 말합니다. 그가 말한 덕이란 대체 무엇이었을까요? 모어에 따르면 타인과 자기 자신 모두에게 자비를 베푸는 것이라는군요.

> 타인의 비참함을 덜어 주고, 고통을 경감해 주며, 그들의 삶에서 슬픔을 없애고 기쁨으로 인도하는 것, 다시 말해서 쾌락으로 인도하는 것보다 더 인간적인 것은 없습니다. 즐거운 삶, 즉 쾌락의 삶이 좋은 일입니까, 나쁜 일입니까? 만일 그것이 나쁜 일이라면 다른 사람에게도 그것을 도와주어서는 안 되고 가능한 한 즐거움을 빼앗아야 마땅합니다. 그러나 만일 그런 삶이 좋은 것이라면, 그리고 만일 우리가 다른 사람들에게 즐거운 삶을 도와주도록 되어 있거나 혹은 그럴 의무가 있다면, 무엇보다도 우리 자신을 위해 그것을 추구해야 하지 않겠습니까? 우리는 누구보다도 우리 자신에 대해 자비를 가져야 합니다. 자연이 우리보고 이웃에게 친절하게 대할 것을 촉구한다고 할 때 그 말이 곧 우리 자신에게는 잔인하고 무정하게 대하라는 의미는 아닙니다.

그러니까 진정한 쾌락을 얻고자 하는 사람들은 덕성을 길러야 합니다. 그 자신에게 가장 좋은 것을 권할 정도로 스스로에게 자비로워야 합니다. 그럼으로써 그는 자신의 진정한 행복을 누릴 수 있고, 타인에게도 행복을 줄 수 있습니다.

바로 여기에 묘한 균열 지점이 있습니다. 모어의 말에 따르면 인간 개개인이 덕성을 기를 때 인간은 행복해질 수 있습니다. 자신을 향한 자비심을 발휘할 때 그는 비로소 즐거울 수 있습니다. 보다시피 여기서 제도의 문제는 감쪽같이 자취를 감춥니다. 오히려 여기서는 개인이 덕을 기름으로써 도달할 수 있는 '다른 유토피아'를 말하고 있는 것처럼 보일 지경이지요. 다른 유토피아란 제도로 이룰 수 있는 장소가 아닙니다. 오히려 그것은 인간 개개인이 '수양'을 통해 도달한 고유한 장소, 말하자면 정신적 유토피아 같은 곳이지요.

자기 수양이란 무엇일까요? 사회적 가치 기준에 휩쓸리길 거부하고 자기 자신에 몰두하는 것입니다. 자신을 향해 고도의 집중력을 발휘함으로써 사회적 규준과 통제에서 자유로워지는 것입니다. 이를 통해 자신이 가장 편하고 가장 자유로울 수 있는 길을 스스로 깨쳤을 때 비로소 그는 자연에 따르는 삶을 살 수 있을 테지요.

모어가 드문드문 책 속에 남긴 우려와 불신 섞인 코멘트를 염두에 둔 독자에게 이런 대목은 의미심장하게 다가올 수밖에 없습니다. 어쩌면 모어 역시 제도의 한계를 절감하고 있었을지 몰라요. 개개인이 행복한 세계란 제도의 쇄신과 발명으로는 도저히 도달할 수 없는 장소입니다. 제도는 평면적 인간을 위한 것인 반면, 우리는 살아 있는,

입체적인 인간들이니까요.

개개인의 행복을 위해서는 개개인이 노력해야 합니다. 모어에게 모어 식으로 걸어간 길이 있듯, 우리들 각자에게는 각자의 걷는 방식과 방향이 있습니다. 보다 나은 삶을 살고자 한다면 그 길을 뚜벅뚜벅 걸을 수밖에 없습니다. 제도도 그 여정을 대신할 수 없고, 다른 누가 이를 도울 수도 없습니다. 그러니 인간은 제도에 기대어서는 안 됩니다. 제도는 제도일 뿐입니다. 오히려 인간은 자기 힘으로 걷고 질문하고 싸워야 합니다. 그것이 자신에게 자비심을 발휘하는 것이고, 자신을 자유롭게 만드는 길입니다.

영화 속 통제 사회
—「더 기버(The Giver): 기억전달자」

「데몰리션 맨」, 「이퀼리브리엄」처럼 통제된 미래 사회를 모티프로 하는 영화들은 지금도 잊을 만하면 관객들을 찾아온다. 그중 「더 기버: 기억전달자」(2014년 국내 개봉)는 성장 영화이자 공상 과학 영화라는 점에서 이채롭다. (원작은 로이스 로리가 지은 같은 제목의 소설이다.)

이 작품에 등장하는 사회 역시 한 차례의 세계 멸망 후 과거의 고통이 준 교훈을 통해 새롭게 태어난 통제 사회다. 모든 사회 구성원은 지정된 출산모의 몸에서 태어나고, 일정한 나이가 되면 원로원이 지정한 가정에 배속된다. 나이가 들어 더는 사회 구성원의 구실을 할 수 없게 되면 '임무 해제'라는 이유로 안락사 처분을 받는다. 아무 감정도 없이 주사를 놓아 사람을 죽이는 것이다.

또한 이 사회는 작품 초반에 내레이션이 일러 주는 대로 '차이가 사라진 세상'이다. 일상을 교란하고 인간을 동요시킬 수 있는 자연현상과 감정을 차단했고, 다른 사람들과 비교해 능력이 떨어지거나 이질적인 인간은 없애기 때문이다. 말하자면 모든 것을 일정한 상태로 유지하기 위해 모든 것을 감시하고 위험한 것은 일찌감치 말소해 버리는 사회이다.

하지만 통제 사회를 다룬 대개의 영화들이 그렇듯, 이 영화에서도 주인공 '조너스'는 어느 순간부터 감정을 느끼기 시작한다. 통제 사회 이전 세상에 대한 기억을 보유하고 후대에 전달할 의무가 있는 '기억전달자'라는 직위를 맡게 된 것이다. 선임 기억전달자로부터 기억을 전달받으면서 조너스는 감정을 느끼게 된다. 흑백이었던 화면에서 서서히 색채가 드러난다. 사과 한 알이 어느새 붉은빛을 띤 채 굴러다니고, 예쁜 소녀의 눈동자가 처음으로 청회색으로 반짝인다.

기억전달자라는 사명보다 더 강하게 그를 움직인 힘은 아마도 소녀에 대한 사랑의 감

정일 것이다. 그는 난생처음 타인에게 강렬한 호기심과 이끌림을 느끼고, 동시에 가장 가까운 사람이었던 가족을 냉정한 눈으로 바라보게 된다. 또한 사회의 어두운 면을 하나하나 발견해 나간다. 조너스가 막 학교를 졸업하고 사회에 첫발을 내딛게 되자마자 이 모든 일이 기다렸다는 듯 벌어지니, 이 영화를 「이퀄리브리엄」의 계보에 넣으면서도 동시에 「이유 없는 반항」과 같은 성장 영화의 계보에도 끼워 넣고 싶은 생각이 들기도 한다.

끝내 조너스는 그 사회를 떠나 경계 밖으로 나가는 데 성공한다. 그리고 환상인지 실재인지 알 수 없을 어떤 집을 향해 이끌리듯 걸음을 옮긴다. 그곳은 그가 자기 손으로 선택한 장소라는 점에서, 아마도 진정한 의미의 집이 될 것이다.

통제 사회가 얼마나 폭력적이고 전제적일 수 있는지를 보여 주던 그간의 영화와 달리 「더 기버: 기억전달자」는 통제 사회의 면면을 보여 주는 것을 줄이는 대신 사랑에 빠진 소년의 설렘을 보다 많이 보여 주는 것을 택한다. 그래서 하이틴 로맨스물이라는 평을 받아도 이상하지 않다. 하지만 통제 사회를 벗어나는 길이 지도자에 의한 정치혁명이 아니라 개개인의 욕망과 모험에 있다는 사실을 소박하게 보여 주고 있다는 점에서 우리의 문제의식과 닿아 있다.

4장

우리들의 유토피아를 위하여

한 손에는 비판, 한 손에는 희망

자, 이제 막바지에 이르렀습니다! 지금까지 우리는 모어가 『유토피아』를 집필하게 된 계기에서 출발해 유럽에서 실제 일어났던 종교개혁과 인클로저 운동을 거쳐 유토피아의 관습과 제도를 두루 살펴보았습니다. 『유토피아』 1, 2부에 대한 수다를 거의 마친 참이니 여기서 책을 끝낼 수도 있겠지만, 그러면 어쩐지 조금 아쉬운 기분이 들지요.

『유토피아』에서 모어가 했던 고민을 우리 삶 안으로 보다 가깝게 끌어와 보면 어떨까요? 우리가 생각하는 국가, 정치, 혹은 함께 사는 삶에 대해 고민해 보고, 우리 각자가 꿈꾸는 유토피아가 어떤 모습인지, 이를 위해 우리가 해야 할 일은 무엇인지에 대해 함께 생각해 보도록 해요.

또 다른 유토피아를 꿈꾼 사람들

유토피아에 대한 사상이 처음 발견되는 책은 플라톤의 『국가론』입니다. 이 책에서 플라톤은 경제적으로는 공유재산 제도를, 정치적으로는 완벽한 철학자의 통치를 주장합니다. 기원전에 제기된 주장임에도 부인 공유제라든지 공동 육아 등 아주 파격적인 제안들이 지천에 널려 있지요. 하지만 허투루 볼 수만은 없는 것이, 이 모든 것이 '올바름'을 정치적으로 실현하고자 하는 플라톤의 염원이 담긴 고육지책이었으니까요.

『국가론』이 르네상스 시대의 정치인 및 학자들에게 끼친 영향은 실로 대단했답니다. 유토피아주의자들이 전범으로 삼은 텍스트라 해도 과언이 아니지요. 『유토피아』도 확실히 플라톤의 자장 안에 있으며, 모어보다 뒤에 출현한 토마소 캄파넬라에게서도 비슷한 문제의식이 엿보입니다.

1568년에 태어나 1639년에 사망한 토마소 캄파넬라는 이탈리아의 사제이자 철학자였습니다. 그는 종교적으로도 정치적으로도 혼란스러운 조국에서 어떻게 하면 사회와 개인이 죄를 씻고 조화롭고 질서 있는 삶을 영위할 수 있을지를 고민했습니다. 이건 꽤 놀라운 일이 아닐 수 없어요. 명색이 기독교 사제라는 사람이 현재의 고통과 탄식을 '지금 여기에서' 종식시킬 방안을 모색한 것이니 말입니다.

그 결과물이 바로 『태양의 나라』입니다. '태양'이라 불리는 교황이 신정정치를 펼치는 이 나라는 개인의 소유를 금지해요. 뿐만 아니라 개인의 자유도 통제합니다. 이해관계에 따른 국가 간 전쟁과 종교개혁이 부른 참극에 진저리가 난 캄파넬라가 자유보다는 엄격한 질서가 삶을 살 만한 것으로 만든다고 여겼기 때문이에요.

> 폭정을 피한 사람들이기에, 그들은 자기들끼리 이상적 방법으로 공동생활을 해 보자고 결심했던 거죠. 그들이 원래 살던 곳에선, 부인 공유제란 없었지만, 그들은 이제 그 제도를 실시하고 있고, 모든 것이 공유이며, 다만 필요한 것을 관리를 통하여 배분받고 있습니다. 이리하여 그들은 식량을 비롯해 명예도 오락도 모두 공유하며, 어느 물건이든 개인소유가 존재치 않는 사회를 만들었습니다.
>
> 그들은 남자나 여자나 고대 그리스 사회에서와 같이 전라로 운동을 하기 때문에, 교사들은 누가 성적 불능자이며, 누가 성교에 적합하다든가, 그렇지 못하다든가를 잘 알게 되며, 성교할 나이가 되면 그들은 몸을 깨끗이 하고 세 밤마다 그 교접을 갖게 되는데, 체격이 좋고 덕이 있는 남자는 몸집이 좋고 아름다운 여자만 상대로 하고, 뚱뚱한 여자는 마른 남자와, 마른 여자는 살찐 남자와 상대하게 됩니다. 이는 양자의 신체적 균형을 유지하기 위함입니다. 밤이 되면 아이들은 교사의 명령에 따라 취침합니다.
>
> —『태양의 나라』 중에서

이처럼 캄파넬라가 꿈꾼 유토피아는 엄격한 질서가 유지되는 사회입니다. 지금 우리로서는 말도 안 된다고, 개인의 인권은 어디에 있느냐고, 이건 독재가 아니냐고 따질 수 있겠지요. 하지만 이처럼 엄격한 사회를 향한 캄파넬라의 꿈은 실상 그 시대의 엄청난 혼돈과 재난에 대한 반증이라 이해하면 좋겠군요.

캄파넬라와 더불어 르네상스 시대에 언급되는 또 하나의 유토피아론이 있습니다. 프랜시스 베이컨의 『새로운 아틀란티스』입니다. 캄파넬라보다 7년 먼저 잉글랜드에서 태어난 베이컨은 과학과 기술에 대한 크나큰 관심을 보였습니다. 그는 과학이 인류의 삶을 지금보다 훨씬 풍요롭게 만들어 줄 것이며, 마침내 모두가 에덴동산으로 돌아갈 수 있는 날이 오리라 여겼던 것 같아요.

『새로운 아틀란티스』에 등장하는 나라에는 거대한 실험실이 있습니다. 상상도 할 수 없을 정도로 지하 깊숙한 곳에 동굴을 파 그 안에 실험실을 만들었지요. 그곳에서 다양한 재료들을 혼합해 만든 물질들로 병을 치유하고 생명을 연장한답니다. 그뿐 아닙니다. 이 나라 사람들은 높은 탑을 세워 태양 광선을 활용할 줄도 알고요, 과학기술의 힘으로 씨앗 없이 배양토만으로 다양한 식물을 기른답니다. 덕분에 사람들은 노동하지 않고도 먹고살고, 근검절약하지 않아도 물자 부족에 시달릴 걱정이 없어요. 이들은 욕망하는 만큼 다 얻을 수 있습니다. 이처럼 『새로운 아틀란티스』는 희망으로 가득 찬 유토피아론이에요.

미래에 대한 희망으로 부푼 베이컨은 설레는 마음으로 이야기를 적

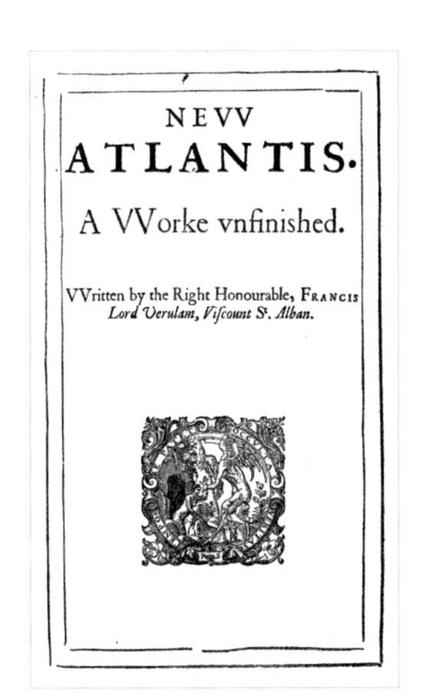

『새로운 아틀란티스』 1628년 출간본 속표지 『유토피아』, 『태양의 나라』와 함께 3대 유토피아 소설로 일컬어진다. 『유토피아』와 『태양의 나라』가 국가와 사회 운영 제도를 중점적으로 그린 데 비해, 『새로운 아틀란티스』는 과학 기술이 인간 생활을 어떻게 풍요롭게 하는지를 다루었다.

어 내려갔을 거예요. 바야흐로 기술 문명이 움트려 하는 시점이었기에 가능했던 청사진이지요. 『새로운 아틀란티스』는 과학이 이룩한 행복한 세계, 조만간 실현될 미래 세계를 먼저 보여 준 거울이었답니다.

현실을 직시하고 최선을 다해 상상하자

모어는 이들과 조금 다릅니다. 모어는 '미래에는 이렇게 될 거야.'라는 희망을 가지고 유토피아를 그린 게 아니라, 오히려 멀리 떨어진 유토피아의 땅에서 현재의 잉글랜드를 바라봅니다. 그러자 잉글랜드 안에서 제대로 볼 수 없었던 점이 포착되지요. 사유재산이 없고, 집이나 땅에서 쫓겨날 걱정 없이 일상을 살고, 모두가 똑같이 노동하고 철학할 수 있는 유토피아에서 바라보면 현실의 잉글랜드가 가지고 있는 모순과 비합리가 눈에 띕니다.

그러니까 모어의 유토피아는 희망의 거울이 아니라 오히려 비판의 칼날이라 할 만합니다. 모어는 단순히 힘든 현실을 회피하고 망상 속에서 안정과 위안을 찾기 위해 유토피아를 쓴 것이 아닙니다. 또 미래는 이럴 것이라는 장밋빛 낙관 속에서 쓴 것도 아닙니다. 『유토피아』는 오히려 처절할 정도로 현실을 직시한 끝에 나온 산물입니다. 이를 통해 우리는 깨닫게 됩니다. 미래의 꿈은 현실을 바라본 자만이 꿀 수 있는 꿈이라는 것을요. 현실의 땅에 발붙이고 있는 자만이 이를 딛고 구체적인 미래를 구상할 수 있다는 것을 말이에요.

유토피아가 보여 주는 또 하나의 중요한 사실이 있습니다. 하루 종일 골똘히 생각해 본 적은 없을지라도 우리 모두 한번씩 상상해 보곤 하지요. 내가 꿈꾸는 가정, 학교, 사회 등을요. 우리는 서로가 서로를 사랑하는 관계를 꿈꾸고, 전혀 다른 방식으로 학생과 만나고 가르치는 학교를 꿈꿉니다.

하지만 이와 같은 희망 사항을 죽 나열해 놓고 보면 문득 이런 의문이 들기 마련이죠. 모두가 서로 사랑하는 게 정말 가능한가? 모두에게 평등한 사랑이 정말 내가 받길 바라는 그 사랑인가? 인간이 욕심을 부리지 않을 수 있나? 수많은 욕심을 통제하기 위해 또 수많은 강력한 제재들이 고안된다면 그 사회가 살기 좋은 사회라고 할 수 있나? 매일 똑같은 집에서 얼굴 맞대고 사는 사람들끼리 싸우지 않고 늘 화목하다면 그거야말로 뭔가 좀 이상한 것 아닌가?

우리는 부지불식간에 깨닫게 됩니다. 우리가 당장에 꿈꾸는 것들에 어딘가 좀 허술한 구석이 있다는 것을요. 하지만 이것은 우리가 생각이 얕고 경험이 없고 뭘 몰라서 그런 것만은 아니에요. 어쩌면 이것이야말로 유토피아의 핵심 중 하나일지도 모릅니다.

모어에게 그러했던 것처럼 유토피아가 일종의 '정치적 도구'로 활용될 수 있는 이유가 여기 있습니다. 그것이 자신의 꿈을 표시함으로써 현실의 문제점 혹은 한계를 드러내는 데 그치지 않고, 더 나아가 그 꿈의 현실 불가능성을 매 순간 생각하게 하는 것이라는 거죠. 바람직하다고 여겨지는 방향을 제시하고, 보다 개선된 방안을 제안한다 해도 그것은 결코 불변의 정답이 되지 못합니다. 우리 삶과 세계 자체가 변수로 이루어져 있기 때문이지요.

재미있는 건 말이죠, 이 불가능성이 그렇다고 곧바로 꿈의 폐기로 이어지는 건 아니라는 사실입니다. 실제로 역사상 수많은 정치인과 학자들은 그들 각자의 유토피아를 스케치하고 그것의 불가능성을 인지해 수정과 시행착오를 반복해 왔어요. 예를 들어 『유토피아』를 읽고 강한 영감을 받은 19세기 초 프랑스의 사회주의자들은 모두가 평등하고 풍요로운 삶을 누리는 사회를 구상한 뒤 이 모델을 실현하기 위해 여러 가지 실험을 했었어요. 공동주택을 설계하기도 하고 공동체 규약도 만들어 보고 먹고살 궁리도 치열하게 했지요. 그것이 현실의 불합리와 이상의 불합리 사이에서 그들이 할 수 있는 최선이었던 거예요.

자, 이처럼 최선을 다하게끔 만드는 힘이 유토피아에는 있답니다. 지금 살고 있는 삶과 내가 바라는 삶 사이의 거리를 어떻게든 좁히기 위해 고군분투하도록 독려하는 힘이지요. 그 과정에서 인간은 무엇보다도 자기 자신과 직면하고 자신을 바꾸기 위한 노력을 기울이게 됩니다. 자신이 대상에 대해 품고 있는 불만과 꿈꾸고 있는 삶이란 결국 자기 자신의 취향과 사유의 폭 등등을 보여 주는 거울인 셈이니까요.

그러니 우리 이것 하나는 기억합시다. 유토피아가 소위 '사회변혁'을 꿈꾸고 '정치혁명'을 기획하는 자들만의 전유물이 아니라는 사실을요. 지금과는 다른 가족 관계와 우정에 대한 내 바람들, 이것이야말로 지금 우리가 꿈꾸는 유토피아 아닌가요? 우리에게는 이미 각자의 유토피아가 있습니다. 다만 그것을 어떻게 현실로 끌어당길 수 있을지에 대한 질문과 사유가 쉽지 않을 뿐이지요.

그러니 여러분, 종일토록 꿈만 꾸다 깨서 아쉬움에 입맛을 다실 것이 아니라 이제부터 시도해 보는 게 어떨까요. 역사상 수많은 '삶의 실험가'들이 그러했듯, 우리도 우리 스타일의 삶을 모색하고 실험할 수 있어요. 나는 지금 이 현실을 어떻게 구성하고 있으며 그것을 바탕으로 어떤 삶을 바라고 있는가, 그렇게 생각하는 나는 어떤 사람인가, 자 그렇다면 이제부터 내가 해야 할 일은 무엇인가…… 이런 질문들과 함께요.

가까이 하기엔 너무 먼 정치?

『유토피아』를 쓸 때 모어가 원했던 건 어떤 정답이라거나 모두에게 언제나 유효한 대안 같은 게 아니었습니다. 그가 원한 건 차라리 진지하게 문제를 들여다보고 이를 풀기 위한 실마리를 찾기 위한 시간이었지요. 그래요, 『유토피아』에서 모어가 한 일은 한마디로 고민이었습니다. 원하는 삶의 스타일에 대한 고민 말이에요.

모어는 묻습니다. 나는 어떻게 살고 싶은가? 어떤 곳에서 살고 싶은가? 어떤 책을 읽고, 어떤 사람들과 논하고, 또 어떤 집에서 어떤 옷을 걸치고 살고 싶은가? 신을 어떻게 믿고, 국정에 어떻게 참여하고 싶은가? 이에 대해 모어가 잠정적으로 내놓은 답을 우리는 앞에서 확인했습니다.

모어가 던진 이 같은 질문, 그리고 그에 대해 고민하고 답하는 이 모든 과정. 바로 이것을 통틀어 '정치'라 할 수 있겠지요.

정치는 나와는 상관없다?

그런데 정치란 무엇인가? 막상 이 질문을 들으면 여러분은 당황할 테지요. 익숙하지만 정의를 생각해 본 적은 없는 단어일 테니까요. 여기서 한번 정의를 내려 볼까요? 정치란 무엇입니까? 일단 국회에서 진행되는 일만을 뜻하는 단어는 결코 아닌 것 같습니다. 만약 그렇다면 우리는 자신의 삶과 결부된 문제들을 생판 남에게 맡겨 둔 바보들인 셈이 되겠죠. 또 우리가 행사하는 참정권이 곧 정치라고 볼 수도 없습니다. 가끔 투표 용지에 도장 찍는 일이 정치적 행위의 전부일 수는 없잖아요. 심지어 십대들에게는 그 도장조차 허용되지 않는데 말이죠.

그럼 도대체 정치란 무엇일까요? 모어가 알려 주는군요. 정치는 사회체 안에 사는 우리들이 타인과 더불어 살기 위해 기울이는 노력들이라고요. 사회 안에서 자신의 좌표를 설정하는 행위이기도 하고요. 자신이 지금 어디에 어떻게 위치하는지 살피고, 자신이 살고 싶은 삶과 원하는 사회가 무엇인지 고민하고, 이를 실현하기 위해서 하는 그 모든 행위들이 정치입니다. 그러므로 정치는 정치인들의 전유물이 아닙니다. 자신의 일상 안에서 우리 모두는 정치적으로 사고하고, 정치적으로 움직일 수 있답니다.

그런데 문제가 하나 있습니다. 우리가 별로 정치적으로 살고자 하지 않는다는 것입니다. 심지어 정치적인 것과 되도록 멀리 있기 위해 최선을 다하는 것처럼 보이기도 합니다.

무슨 말이냐고요? 사회적 사안에 대해 모르쇠로 일관하고, 우연히 보게 된 뉴스에 대해 기성세대를 싸잡아 한심해하는 우리들을 돌이켜 보자고요. 임시 휴일인 국회의원 총선거 날 컴퓨터 게임을 하며 친구들과 '카톡'을 하는 우리, 기성세대란 모조리 어처구니없는 존재라고 규정하는 우리, 방문을 닫아걸고 바깥 세계에 대해 완벽한 무관심을 표명하는 우리!

물론 법안의 날치기 통과, 거짓 선거 공약을 밥 먹듯 일삼는 대통령 후보, 거대한 재난에 대한 정부의 늑장 대응 등을 보고 있노라면 정치인들이 참 한심하게 느껴지는 건 사실입니다. 하지만 사회에서 돌아가는 여러 일들을 마치 강 건너 불구경하듯 바라보면서 누군가를 한심한 정치인이라

욕하는 것도 우습긴 매한가지입니다.

국회에서 일어나는 일들에 대한 무관심이 하나의 정치적 의사 표현이 될 수도 있지만, 그에 대해 모르쇠로 일관한다는 것은 오히려 우리의 정치적 역량을 죽이는 일 아닐까요? 내가 속해 있는 사회에서 어떤 일들이 일어나고 있고, 그 일들이 내 삶과 욕망에 어떤 영향을 끼치는지 읽어 낼 수 없다면 우리는 무지한 채로 그에 휩쓸려 갈 수밖에 없을 테니까요.

우리, 게으른 공모자들

폴란드의 학자 지그문트 바우만이 말하길, 지금 우리가 사는 이곳은 '쇼핑 권하는 사회'랍니다. 백화점과 대형 마트의 온갖 상품들은 물론이거니와 공부와 종교조차 쇼핑의 형태로 만들어 개인에게 선택의 권리와 그에 따른 의무, 책임을 전가한다는 겁니다.

문제는, 그럼으로써 우리가 특정 체제 안에 있음을 자꾸만 잊게 된다는 사실이에요. 우리는 더 많은 선택권을 얻기 위해 스스로를 채찍질합니다. 더 열심히 공부하고 더 열심히 돈을 모아서 더 열심히 쇼핑을 즐기려고 하지요. 자본주의의 욕망을 완전히 체화한 우리는 이 사회에서 뒤떨어지지 않기 위해, 보다 높은 자리에 올라 더 많은 것을 획득하기 위해 자기 계발에 몰두합니다. 그러는 사이 사회 전체에 대한 문제 인식은 고이 접어 하늘 위로 올려 보내고요.

우리는 누구에게도 뒤지지 않는 자본주의 신봉자들입니다. 동시에 현실에서 벌어지는 온갖 사건들의 방관자, 더 나쁘게는 공모자이기도 하지요. 아무것도 하지 않음으로써 눈앞에서 벌어지는 일을 정당화하는 사람, 그게 곧 구경꾼이라는 의미에서 말입니다.

십대 시절에는 저도 사회에 관심이 없었습니다. 기성세대들이 하는 짓이 모조리 못마땅해 방문을 굳게 걸어 잠그고 살았더랬습니다. 지금의 십대들도 그럴 테죠. 어쩌면 세상의 모든 십대가 하는 일은 꼰대들을 피해 아지트를 만드는 것인지도 모르겠어요.

하지만 무시무시한 사실이 있어요. 우리들이 만든 바로 그 아지트 안에서, 우리 자신이 어느 순간 기성세대가 했던 일을 되풀이할 수 있다는 것입니다. 자신이 사는 사회를 유지하는 시스템이 무엇인지, 그것이 어디서 어떻게 작동되고 있는지, 그것이 내 몸과 욕망을 어떻게 움직이는지 질문하고 지켜보려고 하지 않는 한, 내가 욕한 어른들과 똑같은 짓을 반복하고 마는 겁니다.

자, 지금 여러분은 어떤가요? 여러분은 무엇을 보고 있고, 무엇을 이상스레 여기거나 혹은 당연시하고 있나요? 우리 한껏 생각하고 질문해 봅시다. 이를 함께 고민하고 상상해 보는 것, 그 행복하고도 지난한 작업을 위해 싸움도 마다하지 않는 것, 바로 거기에서 우리의 정치는 시작됩니다. 모어가 해낸 모든 것들 또한 바로 그 자리에서 시작되었답니다.

시끌벅적 야단법석 우리들의 공동체

하지만 다르게 살고 싶고 반항하고 싶어도 그저 마음속으로만 상상할 뿐 이를 실행하기란 여간 어려운 일이 아닙니다. 학교를 그만둔다면 당장 어디에서 무엇을 하며 살지 막막하죠. 대학에 가길 포기한다면 무슨 일을 하며 이십 대 초반을 보내야 할지, 그리고 대학교 졸업장 없이 어떤 일을 할 수 있을지 감조차 오지 않습니다. 만약 독립을 한답시고 집을 뛰쳐나가 버린다면 먹고사는 일은 또 어떡하고요?

막무가내로 지금 하는 일, 소유하고 있는 것을 떨쳐 버린다 쳐도 그게 오래가길 기대하기도 어렵습니다. 혼자 시작한 반항은 쉽게 지치기 십상입니다. 실험은 금세 지루해지고 지리멸렬해지고 맙니다. 금세 원래의 삶을 향해 몸과 마음이 돌아가기 마련입니다.

이제부터는 이런 문제들을 함께 고민해 볼까요? 실제로 어떻게 다르게 살 수 있을까요? 어떻게 다른 삶을 계획하고 실천하고 유지할 수 있을까요? 어디서 누구와 함께 이를 도모하면 좋을까요?

벗과 함께 작당하라

아무리 신념에 찬 사람일지라도 홀로 실험하고 싸우기란 쉽지 않은 일입니다. 그렇기에 새로운 삶을 시도하고자 하는 이에게 반드시 필요한 것이 있지요. 바로 '벗'입니다. 거대한 제도의 틀에서 벗어나고자 하는 이에게는 소수이나마, 그리고 지리적으로 먼 곳에 있더라도 뜻을 함께하고 서로를 자극할 친구가 꼭 있어야 해요.

에라스뮈스와 모어를 생각해 봅시다. 그들은 서로 조국도 다르고, 나이 차이도 많이 났습니다. 한 사람은 끝까지 독실한 가톨릭 신자이자 교육자로 남았으며, 다른 한 사람은 정치계로 입문해 세를 넓혀 갔어요. 한 사람은 스스로를 보호하기 위해 언제나 온건한 어조에 알쏭달쏭한 방식으로 세상을 비판했고, 다른 한 사람은 당대의 사건들을 직설 화법으로 제시함으로써 왕과 정치를 비판했습니다. 이처럼 두 사람은 서로 달랐으나 서로에게 없으면 안 될 친구였습니다. 마치 톰 소여와 허클베리 핀처럼 그들은 낄낄거리며 모의하고 작당을 벌였지요. 비록 몸은 멀리 떨어져 있어도 그들은 서로를 더없이 좋은 동료로 여겼습니다. 글을 쓰면 바로 상대에게 보내 의견을 구하고, 아이

서로에게 영감을 주는 벗 영국 첼시의 올드처치에 있는 토머스 모어 동상과 네덜란드 에라스뮈스 대학에 있는 에라스뮈스 동상. 두 사람은 자신들이 바라는 세계를 토론하며 서로에게 생산적인 조언을 아끼지 않았다.

디어가 떠오르면 또 상대에게 편지를 써 함께 살을 붙였지요. 『우신예찬』과 『유토피아』도 실은 서로에게 보낸 편지의 일부라고 볼 수도 있겠습니다.

그들이 이처럼 돈독한 관계를 유지할 수 있었던 것은, 그들이 무조건 서로를 추켜세워서가 아닙니다. 모어와 에라스뮈스는 편지를 꼼꼼히 읽기도 전에 "무조건 좋다, 네가 하는 건 다 옳다."고 말하는 사람들이 결코 아니었어요.

여러분, 좋은 벗은 절대로 눈을 감고서 다 좋다고 외쳐 주는 사람이 아닙니다. 지금의 관계를 유지하기 위해 좋은 게 좋은 거라며 넘어가는 사람들끼리는 결코 좋은 벗이 될 수 없습니다. 벗은 무엇보다도 가장 훌륭한 비평가여야 합니다. 무조건 칭찬만 하는 무책임하고 무능력한 비평가가 아니라 정말로 날카롭게 보는, 작가보다 더 작가의 생각을 세심하게 읽어 내는 비평가 말입니다.

생각해 보세요. 우리는 서로에게 다른 존재입니다. 제아무리 '소울메이트'라 자부해도 나와 상대는 동일 인물이 아니지요. 하지만, 그럼에도 우리가 벗이 될 수 있는 건 우리가 공통의 것을 가졌기 때문입니다. 서로 사는 곳이 다르고 습관이 달라도, 지향하는 세계가 같다면 우리는 함께할 수 있습니다. 학식에서 차이가 나고 재산 수준이 다르다 해도 시대에서 같은 어두움을 발견한다면 우리는 벗이 될 수 있습니다.

보다 정확히 말하면 이렇습니다. 공통의 것을 가졌으나 서로 다르다는 사실, 바로 그 때문에 우리는 벗이 될 수 있습니다. 왜냐하면 다르기 때문에 할 수 있는 게 있으니까요. 서로 다르기 때문에 기꺼이 논쟁하고 따져 물을 수 있는 겁니다. 상대가 싫거나 못마땅해서 비난하는 게 아니라 상대가 더더욱 깊이 생각하도록, 그가 미처 생각하지 못한 점을 생각하도록, 그의 생각을 더 독려하기 위해 우리는 기꺼이 그에게 말할 수 있어야 합니다.

'강력한 하나'를 원하나요?

모든 우정은 '공동체'를 지향합니다. 함께 걷지만 늘 서로를 향해 맹렬히 질문을 퍼붓는 관계, 그것이 공동체 구성원들의 관계지요. 국가와 달리 여기에는 선험적으로 존재하는 법률이라든가, 국민이라면 마땅히 이러저러해야 한다는 등의 의무 조항이 없습니다. 오히려 그런 것에 적극적으로 저항하면서 존재하는 것이 공동체입니다.

중세의 도시 공동체를 떠올려 봅시다. 아직 국가의 속박에 시달리기 전, 공동체의 구성원들은 자치 규약을 만들어 생산과 소비를 적절히 규제하고, 군주 없이 이웃 공동체와 연합하거나 혹은 전쟁을 벌였답니다. 영주나 사제가 공동체들을 공격하며 세를 확장하려 할 때면 이들은 자신의 자유를 위해 직접 전쟁을 벌였지요. 각 지역 공동체가 중앙집권적 시스템 외부에서 스스로를 통치했던 것처럼, 장인과 도제들의 연합체인 길드도 자유롭고 활발하게 제 기능을 발휘했습니다.

말하자면 서로 다른 자리에서 각자의 일을 하며 살아가는 사람들이 스스로의 판단과 필요에 따라 에너지를 주고받으며 살았던 겁니다. 그들은 자신의 일을 대신 조정해 줄 외부인을 필요로 하지 않았고, 사전에 기획하고 설비해야 하는 법과 제도도 물리쳤습니다. 그야말로 자연스럽게, 매번 시끌벅적하고 활기차게 충돌하고 대화하고 문제를 해결하곤 한 거예요.

그러나 자유롭고 소란스러운 공동체의 나날은 15세기에 접어들 무렵 서서히 저물기 시작했습니다. 도시가 성장하고 비대해지자 장인과 비(非)장인, 영주와 농민, 도시와 주변 등 특권을 소유한 일부 집단과 그렇지 못한 집단으로 공동체가 분열했기 때문입니다. 이제 도시는 더 이상 과거처럼 느슨한 연합체로 존재할 수 없게 되었습니다. 이권을 둘러싼 싸움이 늘 벌어졌으며 내부 경쟁도 심화되었습니다.

더 큰 문제가 있습니다. 크로포트킨이라는 사람이 쓴 『만물은 서로 돕는다』라는 책을 보면 교황 인노켄티우스 3세 이래 일어난 도시 공동체의 변화가 잘 나타나 있어요. 그에 따르면 그때부터 성직자들은 공동체의 연합주의적 원리를 파기하고 그 대신 강력한 중앙집권적 권위가 대중을 구원할 수 있다고 가르치기 시작했답니다. "한 사람이 사회의 구세주가 될 수도 있고 또 되어야 하며, 대중을 구원한다는 명목만 있으면 어떠한 폭력도 행사할 수 있다."라고요.

이 이야기가 주는 가르침은, 우리가 '강력한 하나'를 원하는 그 순간 국가적인 것이 도래한다는 사실입니다. 국가는 '하나'를 원합니다. 모두가 국가의 이름 아래 하나가 되길 요구해요. 그래서 국민의 이름으로 단합하고, 국어를 사랑하고, 국토를 수호해야 한다고 말하지요. 이를 위해 국민의례라든가 애국가 제창 같은 관례를 만들고, 지켜야 할 법을 제정 및 정비하고, 대외 전쟁이든 내전이든 아무튼 전쟁을 불사합니다. 이런 거대한 '하나'를 공격하는 자에게는 곧바로 범죄자 내지는 불온 세력이라는 딱지를 붙이고 말지요.

반대로 공동체는 하나 따위는 안중에도 없습니다. 오히려 그들이 하는 일은 하나가 되길 거부하는 것이라 해도 과언이 아닙니다. 공동체는 '다양성'을 지향합니다. 하나에서 벗어나 본 사람은 잘 알지요. 하나에서 벗어나면 무(無)로 떨어지거나 구제 불능 아웃사이더가 되는 것이 아니라, 하나 때문에 가려져 있던 다종다양한 가능성과 맞닥뜨리게 된다는 것을요. 국가 중심적으로 사유하지 않는 법, 학력에 얽매이지 않은 채 학문에 몰두하는 사람들, 돈을 모으는 게 아니라 정말 잘 쓰기 위한 실험들……. 공부하지 않으면, 스펙을 쌓지 않으면 당장 어떻게 될 것처럼 말하는 목소리의 자장 바깥으로 나가면 이처럼 다양한 삶의 가능성들이 우리에게 달려듭니다. 마치 홍에 겨운 산타가 줄줄이 던져 주는 선물 보따리처럼!

평화로운 공동체는 없다

하지만 한 가지 명심해야 할 건, 공동체란 결코 평화로울 수 없다는 사실이에요. 만약 평화로운 삶을 위해 특정 공동체를 기웃거린다면 즉시 이를 그만두어야 합니다. 공동체는 언제나 싸우거든요. 늘 소란스럽고 소요가 끊이지 않아요. 왜냐하면 공동체는 국가가 아니기 때문입니다.

국가를 유지하는 것이 법과 명령이라면 공동체를 유지하는 것은 우정에서 비롯된 질문들이에요. 상대를 믿기 때문에 상대를 뒤흔들어 줄 만한 힘을 내는 것, 이것이 우정이라고 공동체는 믿습니다. 우정이 없다면 죽은 관계인 것이지요. 상대방의 허물을 보고도 그냥 넘어간

다면 사이가 좋은 게 아니라 관계가 파탄 났음을 의미하는 거잖아요. 만약 공동체가 고요하고 평화로운 상태에 접어든다면 그것은 공동체의 죽음을 예고하는 것인지도 모릅니다. 우정 없는 공동체 안을 감도는 공기는 언제나 냉랭하고 조용하기 마련이지요.

공동체는 수많은 시행착오를 거듭합니다. 모어의 유토피아론이 보여 준 것처럼, 모든 정치는 곧 시행착오지요. 하지만 시행착오라는 이유 때문에 그것이 평가 절하될 이유는 없습니다. 왜냐하면 애초에 '정답'이란 없으니까요. 미신과 흑사병과 봉건적 영주들에 의해 지배된 중세를 대신해 '잉글랜드'가 등장했으나 그 역시 완벽할 수 없었습니다. 최선의 공화국이라고 자처하는 유토피아 역시 정답이 아니었지요.

자, 그러니 여러분들. 이제 시작해 보았으면 합니다. 여러분도 친구들과 함께 '작당'할 수 있어요. 시행착오를 두려워하지 말고, 온갖 소란과 싸움을 기꺼이 받아들이면서, 이제 여러분이 몸소 움직일 때입니다!

학교에서 작당하기

예를 들어 볼까요? 우리가 가장 오랜 시간 머무는 학교. 예전이나 지금이나 학교 없는 사회를 꿈꾸는 친구들이 아주 많지요. 교과서는 재미없고 선생님들과는 말이 안 통하고 시험은 지긋지긋하다고 말해요. 그런 친구들에게는 안 된 말이지만, 학교는 절대 사라지지 않을 겁니다. 교육 제도가 바뀌기를 바라면서도 성실하게 학교에 다니는 우리들이 있는 한 말이죠.

제도가 바뀌기를 그저 기다리면서 얌전히 제도를 따르는 사람들 때문에 제도는 존속합니다. 그들이 성실하면 할수록, 비판에 무관심하면 할수록 제도는 강해집니다. 그러니 다른 것을 원한다면 원하는 그 사람이 직접 움직여야 합니다. 제도가 바뀌건 말건 스스로가 바뀌어야 합니다.

제도 아래에서 일상을 바꾸기란 어려운 일이기는 해도 불가능한 일은 아닙니다. 소수의 친구들끼리 시작했더라도 그게 재미있어 보이

면 이내 주변 친구들까지 이에 관심을 보이기 시작할 거예요. 기웃거리고, 호기심 어린 어조로 묻고, 나도 같이 하고 싶다고 말할 거예요. 바야흐로 '전염'의 시간이 찾아오는 거지요. 지금 하는 일이 얼마나 즐거운 일인지를 사방에 보여 주어 주변 친구들까지 마구마구 전염시켜 버리는 거예요!

무언가가 바뀌는 건 그런 순간입니다. 제도가 바뀌는 게 아니라 실제 삶이 바뀔 때, 우리가 즐거워하고 욕망하는 대상이 바뀔 때, 그때 우리의 세계는 달라집니다. 유토피아를 만든다는 것은 바로 이런 과정을 의미하는 거지요.

그러니 여러분. 만약 학교 공부에 불만이 많다면 생각이 비슷한 친구와 함께 학교 안에서 이색적인 공부 모임을 조직해 보세요. 학교는 우리가 하루 중 가장 오랜 시간 머무는 공간이잖아요. 마음껏 전기를 쓸 수 있고 공간도 넉넉하지요. 학교에서 짬짬이 하고 싶은 공부를 해 보세요. 한 학기 동안 한 작가의 전집을 독파하겠다는 목표를 세우고 각자 읽은 뒤 일주일에 한 번씩만 모여서 그에 대해 이야기를 나눠 보세요. 각자 써 온 글을 돌아가며 읽고 글에 대해 과감하게 '지적질'도 해 주고요. 이런 것을 합평이라고 합니다. 친구라서 오히려 못 한 이야기를 공부하면서 함께 나눌 수 있을 겁니다. 잘 쓴 글이건 못 쓴 글이건 우리가 쓴 글 안에는 어떻게든 내가 담겨 있는 법. 합평 시간은 나 자신도 못 본 나의 일면을 친구가 진지하게 말해 줄 수 있는 좋은 기회예요.

작가가 살았던 사회라든가 작가에게 영향을 준 스승, 벗에 대해서 알아보는 등 조금씩 가지를 쳐 나가다 보면 어느덧 우리는 우리만의 '학습 지도'를 만들 수 있겠지요. 교육부나 학교에서 일괄적으로 짜 준 커리큘럼이 아니라 우리 각자의 지도 말입니다. 교과서에서는 가르쳐 주지 않는 삶의 비밀, 진짜 어른이 되기 위한 길, 고통과 대면하는 법, 우주와 인간의 관계 등을 우리 스스로 배우면서 우리는 학교 안에서 '조금 다른 어른'이 될 수 있을 겁니다. 같은 고민을 언제나 같은 방식으로 반복하고, 매번 비슷한 결론에 도달하는 그런 습관과는 이제 작별이에요. 무릇 좋은 책, 좋은 공부란 내 습관적 행동과 언어와 사유를 다른 눈으로 보게 해 주고, 새로운 사유와 언어를 사용하도록 길을 내 주니까요.

이를 통해 여러분이 즐거워질수록 여러분의 학교는 달라집니다. 여러분 자신이 학교를 바꿔 버린 거예요!

국가에 대항하는 사람들

공부 모임까지는 그래도 어떻게 상상해 볼 수 있겠으나 국가를 벗어난 삶을 상상하기란 참 어렵지요. 임꺽정처럼 나라의 적으로 간주돼 죽임을 당하거나 홈리스가 되어 비참한 삶을 연명해야 할 것만 같고요. 요즘 뉴스에 자주 나오는 보트 피플들의 삶을 보면 공포는 배가됩니다. 위험천만한 바다 위에서 낡디낡은 선박에 의지해 출렁이다 전염병, 파도와 암초, 굶주림 혹은 더위 때문에 죽고 만다고 하니까요.

자, 그럼 대한민국 국민으로 사는 걸 운명이라 생각하고 받아들여야 할까요? 여기 다른 선택을 한 사람들이 있네요.

국가가 싫은 사람들

여러분도 들어 봤는지 모르겠습니다. 살고 있는 국가에 대한 불만은 있으나 그렇다고 아예 국가 밖으로 나가 살 생각은 없는 사람들이 작게나마 자기들의 국가를 만들기 시작했다네요. 최근에는 체코인들이 만들어 온라인상에 국민 모집 광고를 낸 '리버랜드'가 이슈화되었고요, 그보다 더 작은 나라 '엔클라바 왕국'도 마찬가지로 국민 신청을 받았었죠. 물론 기존의 국가들은 이러한 신생국가들을 결코 동등한 국가로 쳐 주고 있지 않습니다만, 리버랜드에는 벌써 4만 5천 명이 국민 신청을 했답니다. 제 손으로 선택한 나라에서 살고 싶은 사람들, 삶을 다시 시작하고 싶은 사람들, 보다 작은 나라에서 서로에게 더 깊이 관여하며 살고 싶은 사람들이겠죠.

그런데 국가에 대한 불만을 갖되 이와 다른 선택을 하는 사람들도 있습니다. 예컨대 동남아에서부터 중국을 거쳐 인도까지 길게 이어진 드넓은 고지대에는 그 어떤 국가에도 편입되지 않았고 이를 원하지도 않는 다종다양한 종족이 지금도 살고 있습니다. 세금과 전쟁, 형벌 등 국가의 온갖 횡포를 피해서 살기를 원한 사람들이 이곳에서 하나의 자치 공동체를 형성해 생활한다는군요. 그들 종족이 이전까지 속해 있던 국가는 그 자체로 폭력이고 지옥이었다고 해요. 그에 따른 고통과 두려움에서 벗어나기 위해 그들은 결국 국가 없는 삶을 택했고요. 그들은 더 이상 지배받지 않겠다고 선언합니다. 이들은 국가가 없어서 가련한 사람들이 아닙니다. 국가의 존재 이유를 묻는 질문 그 자

헨리 데이비드 소로 월든 연못 근처에 있는 헨리 데이비드 소로의 동상과 오두막이다. 소로는 월든 호숫가에 직접 오두막을 짓고 1845년부터 1847년까지 그곳에서 자급자족하며 생활했다. 그 체험을 담은 작품이 『월든』이다.

체로서 이들은 우리 앞에 서 있습니다.

다른 한편으로, 국가 안에 있되 국가 밖에서 있는 것처럼 사는 사람들이 있습니다. 문명 밖에서의 삶을 실험한 기록, 『월든』의 작가 헨리 데이빗 소로가 그런 사람들 중 하나였어요. 그는 자신이 택한 것도 아닌 데다, 자신을 위해 하는 일도 없는 국가에 돈을 내야 한다는 사실을 받아들일 수 없었다고 해요. 그래서 세금 납부를 거부하기에 이르지요. 덕분에 감옥을 가야 했습니다만 그는 끝까지 자기 생각을 관철했어요. 사실 국민들이 꼬박꼬박 납부하는 재산세라든가 주민세는 생각하면 할수록 어이없습니다. 우리의 세금이 4대강 사업 같은 어처구니없는 짓에 쓰인다고 생각하면 더욱 그렇죠. 하지만 일반적인 경우, 그럼에도 세금을 납부합니다. 납부하지 않았을 때 올 불이익이 두려

송전탑 공사 반대 시위 2014년 6월 한국전력공사 앞에서 밀양 송전탑 공사 반대 시위를 하고 있는 밀양 주민들과 여성환경연대 회원들의 모습. 2005년, 정부가 신고리원자력발전소에서 생산되는 전력을 운반하기 위해 밀양을 거쳐 가는 송전선로 공사를 벌이기 시작하면서 밀양 주민들과 갈등을 빚었다.

우니까요. 그런데 소로는 이를 실행에 옮겨 버린 거예요. 납세 거부자가 됨으로써 그는 반(反)국가주의를 선언한 겁니다.

가까이에도 비슷한 예가 있습니다. 밀양 송전탑 건립에 반대의 뜻을 모아 투쟁하는 밀양의 할머니들이 그렇습니다. 어떤 보호막도 없이 오직 당신들의 몸으로 경찰에게 저항하고 국가 계획에 반대하면서 할머니들은 어느덧 국가에 대항하고 국가를 반대하는 사람이 되어 버렸지요. 살고 있는 사람들의 일상과 생명을 외면하고 오직 자본의 이익만 염두에 두는 나라는 이쪽에서 먼저 거절이라고 할머니들은 말합니다. 국가는 자본의 파수꾼이지, 결코 살아 있는 인간들이 거주하는 집이 아니라는 걸 깨달았던 겁니다.

국가를 거부하는 사람들

국가 없는 사람들은 가엾고, 국가를 갖지 못한 사회는 미개하고, 국가의 안위가 아니라 자기만 생각하는 사람은 이기적이라고 말하는 사람은 여전히 많습니다. 실은 대개의 신문과 뉴스에서도 그렇게 말하지요. 하지만 전제가 다르면 같은 일도 다르게 보이는 법, 매스미디어의 전제는 '당위'로서의 국가입니다. 국가는 당연히 있어야 하고 늘 있는 것입니다. 출생 시 하나의 국가에 소속되는 것도, 국가 안에서 국가의 뜻에 따라 성장하는 것도 문명사회 인간의 당연한 권리라는 겁니다. 그렇기에 나라 없는 소수민족은 미개하고 불쌍하다는 거죠.

그런데 실제 남미의 선주민들과 생활하면서 인디언 사회를 연구했던 인류학자 피에르 클라스트르는 색다른 주장을 펼칩니다. 많은 학자들이 이들 사회의 추장제를 국가 출현의 맹아 단계라고 보는 데 반해, 그는 전혀 그렇지 않다고 말하지요. 그가 보기에 추장제는 덜 발달한 국가 단계가 아닙니다. 차라리 그것은 국가의 출현을 막기 위한 고도의 장치랍니다.

그에 따르면 추장은 국가의 왕과 달리 그 어떤 권위도 갖지 못했습니다. 그가 부족민에게 명령하거나 부족의 재산을 독식하는 것은 상상조차 할 수 없습니다. 전쟁 또한 부족을 위한 것이 아니면 수행할 수 없고, 만약 그가 멋대로 전쟁을 선포한다면 자기 말을 실행에 옮기기 위해 홀로 적진에 달려가야 하고 비참하게 죽어야 한답니다.

또 부족민은 결코 추장의 말에 복종할 생각이 없고, 추장 역시 그걸 기대하지 않습니다. 추장은 자기 공동체의 질서를 위해 부족민 누구보다 열심히 일하는 사람일 따름입니다. 그는 부족민 어느 누구도 귀 기울이지 않는데도 그들을 향해 지치지 않고 연설을 해야 하며, 부족민 중 누군가가 그에게 어떤 일 혹은 자원을 요구하면 반드시 이에 응해야 합니다. 그러다 만약 그가 권력을 욕망하게 된다면 가차 없이 배제되고 말지요.

이 모든 것이 의미하는 바는 이렇습니다. 국가란 이 추장제에서는 출현할 수 없다는 사실이죠. 국가는 권력관계가 발생했을 때, 그래서 명령하는 자와 복종하는 자가 확연히 구분될 때 출현합니다. 추장제는 이를 저지하는 겁니다. 부족사회는 필요하다면 폭력 수단을 동원해서라도 개인적이고 집중화된 그리고 분리된 정치권력의 출현을 거부합니다.

그러므로 국가가 당연한 것이 아니라는 사실을 부족 공동체 같은 사회체가 잘 보여 준다고 클라스트르는 주장합니다. 국가는 결코 가장 발전한 사회 형태가 아닙니다. 국가 외에도 고도의 기능을 수행하는 사회적 장치가 얼마든지 가능합니다.

내게 맞는 삶을 내 멋대로!

국가 안에서 사고하는 습관에 익숙해져 국가의 소멸이라든가 국가로부터 벗어난 삶을 상상하기가 쉽지 않은 우리에게 인디언 추장제는 여러 가지 생각할 거리를 던져 줍니다. 보다시피 권력관계를 거부함으로써 국가, 국가적인 모든 것은 저지됩니다. 그렇다면 우리가 하나의 중심을 거부하는 바로 그 순간 이미 우리는 국가의 정치권력에 저항하는 것이 되는 게 아니겠어요?

하나의 중심이란 달리 있는 게 아닙니다. 어떻게든 국가 안으로 들어가 좋은 자리를 점하려는 생각, 그래서 이 사회의 우두머리가 되려는 생각, 이런 것이야말로 우리가 하나의 중심을 인정한다는 증거입니다. 우리가 이를 인정하는 순간 하나의 중심은 위력적으로 솟구쳐 오르지요.

이를 버릴 때 우리는 우리가 살고 싶은 세계에 한 발 더 다가가게 됩니다. 사회와 제도가 권하는 삶이 아니라, 내게 맞는 삶을 내 멋대로 스타일링해 보겠다고 마음먹는 순간 우리는 국가의 포획으로부터 벗어나게 됩니다.

유학이나 이민 등, 한 국가를 벗어나 다른 국가에서 살길 택하는 사람들은 이전에도 지금도 아주 많습니다. 하지만 그것은 제도적 혜택을 더 많이 누릴 수 있는 곳을 찾아다니는 것일 뿐이죠. 국가에 대한 근본적인 질문은 생략한 채 단지 국가 내에서 좋은 위치를 점하기 위해 몸부림치는 것일 따름입니다.

국가 자체를 벗어나는 것은 이와 다릅니다. 그는 '국가'에 대해 질문합니다. 그리고 지금의 일상 안으로 자신이 살고자 하는 삶의 형태를 끌어오지요. 모어가 잉글랜드를 떠나 유토피아로 가길 바란 것이 아님을 우리는 이미 보았잖아요. 모어는 유토피아를 잉글랜드 안으로 끌어오고자 했습니다. 그 둘 사이의 충돌 속에서 제3의 길을 모색하고자 했어요.

이런 선택은 특정 영토를 굳이 벗어나지 않은 채로도 얼마든지 가능합니다. 어디까지나 국가 안에서 '내 멋대로'의 삶을 영위할 때 우리는 부지불식간에 국가에 균열을 내고 마는 거죠.

『가난뱅이의 역습』이라는 유쾌하고 충격적인 책으로 국내에도 많은 독자를 확보한 일본 작가 마쓰모토 하지메가 그런 사람입니다. 단지 즐겁게 노숙하고, 노상에서 찌개를 끓여 먹으며 잔치를 열 뿐인데 그게 혁명이 됩니다. 멀쩡하게 대학을 다니던 젊은이가 가난뱅이로 살면서도 희희낙락하는 게 너무 불온해 보이기 때문이에요. 대학을 졸업한 하지메 씨는 현재 일본에 거주하면서 재활용 가게를 운영하고 친구들과 함께 허름한 게스트 하우스를 운영하고 있습니다. 게스트 하우스의 방들을 채운 이들은 세계 곳곳에서 더 재미있고 더 다양한 삶을 살기 위해 여행 중인 젊은이들이랍니다. 재활용 가게 사장인 이 가난뱅이가 잠재적 테러리스트로 규정되어 대한민국 정부로부터 입국이 거부된 바 있다는 사실도 덧붙여 둡니다.

또 있습니다. 도시화에 따라 늘어난 잉여 공간을 무단으로 점유해

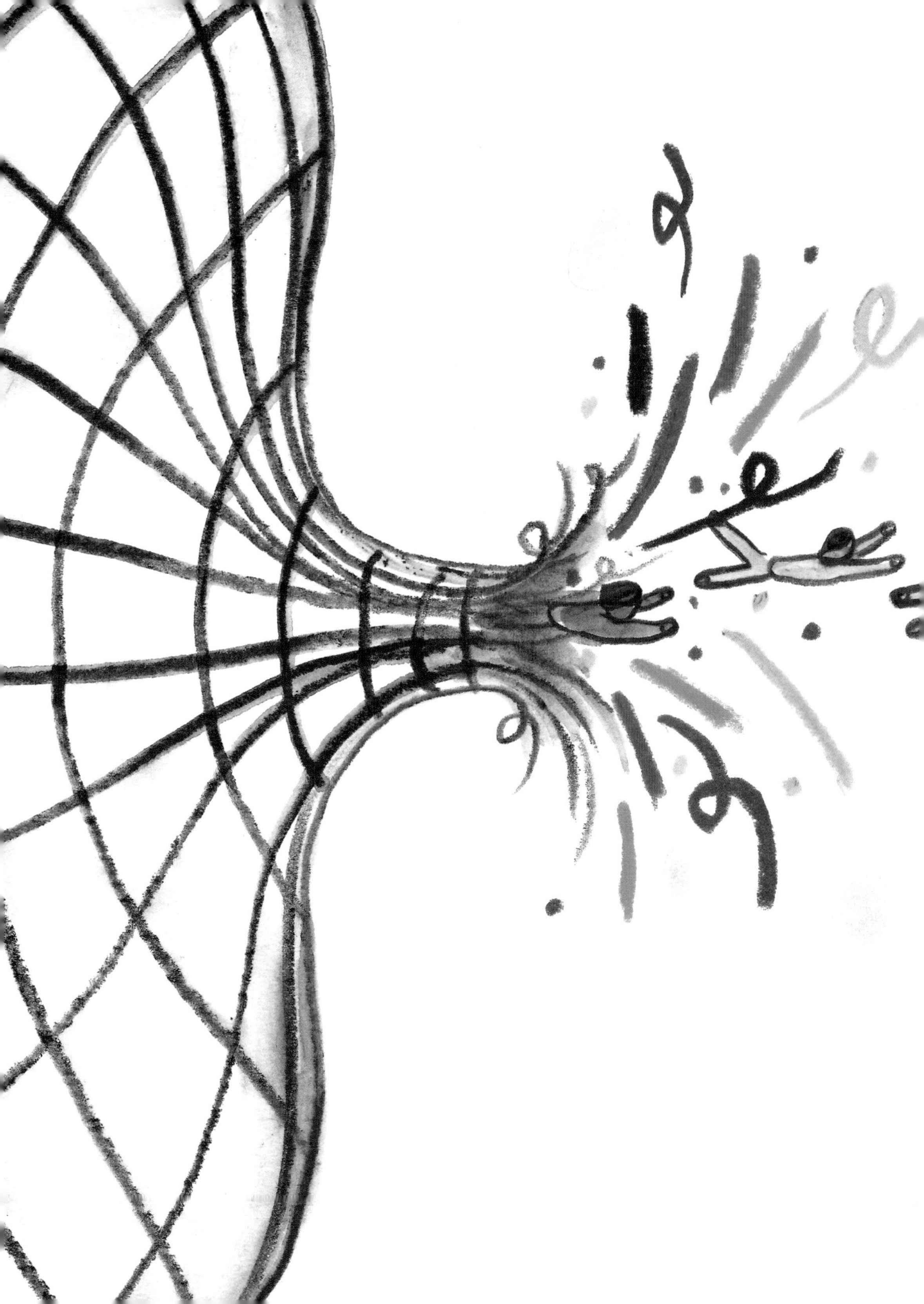

프랑스의 스캇 운동 2006년에 프랑스 경찰들이 르 바르비종 건물을 무단 점거한 예술가들을 격리하는 모습이다. 르 바르비종은 원래 영화관이었으나 20여 년 전에 문을 닫았다. 이곳을 2003년부터 예술가들이 연극을 하거나 공연을 제작하는 공간으로 사용했다.

생활하는 스캇(squat) 운동은, 아무도 살지 않는 빈집에 들어가 먹고 자는 것뿐인데도 처벌의 대상이 됩니다. 어째서일까요? 자본주의 및 주거 공간의 사유화에 대한 반대를 몸소 표현한 불온 행위이기 때문입니다. 일리치는 스캇 운동을 사회적 통념에 대한 도전으로 평가한 바 있답니다. 시민은 표준 수납 창고에 보관해야 한다는 인식에 대한 도전이라는 거죠.

마지막으로 국내의 불온한 공동체도 몇 소개해 볼까요? 우선 제가 공부하는 '고전비평공간 규문'이 있습니다. 상근자가 얼마 되지 않습니다만, 철학·역사·문학 등 다양한 공부를 진지하게 하면서 건강하고 즐거운 인생에 대해 고민하고 있습니다. 함께 책을 읽고 이야기 나

문탁네트워크의 마을 공유지 '874-6' 문탁네트워크가 강의실, 작업장, 갤러리 등으로 쓰고 있는 공간이다. '874-6'이라고 쓰고 '파지사유(破之思惟)'라고 읽는데, 이는 익숙한 관습과 사유를 깨뜨리고 우리가 의심 없이 믿는 사물의 근거를 다시 한 번 질문한다는 뜻이다.

누기를 즐기는 이라면 남녀노소 가리지 않고 환영입니다.

도시 속에서 마을 공동체를 표방하며 운영되고 있는, 용인 수지에 위치한 '문탁네트워크'도 있습니다. 국가와 자본주의적 삶을 거부하고 다른 삶의 스타일을 만들고자 하는 마을 주민들이 함께 모여 철학과 역사를 공부하고, 생필품과 먹거리들을 함께 만들어 나누는 곳입니다. 세대도 다양해 다양한 관계를 맺을 수 있답니다. 밀양 할머니들과의 연대, 탈핵 운동 등에도 적극적인 분들이 많고요.

가난뱅이 그룹, 스쾃 그룹, 연구 공동체…… 국가는 기똥차게 이들을 알아봅니다. 이들은 그저 살고 싶은 대로 살 뿐이지만, 정부는 압니다. 공동체의 삶의 방식, 그 자체가 국가의 존재에 위협을 가한다는 것을요. 국가 없이도 살 수 있다는 것, 아니 국가가 없어야만 생명력으로 충만한 삶이 가능하다는 것을 공동체는 몸소 보여 주기 때문이지요. 살기 위해서 나의 거주지를 등록하고 그에 해당하는 돈을 국가에 납부하는 것이 온당한지 질문하게 만듭니다. 저축과 보험이 없더라도 친구들과 함께 즐거운 일을 도모한다면 미래에 대한 불안 따위가 있을 수 없음을 믿게 만듭니다. 하루 여덟 시간을 직장에 매여 엑셀 작업을 하는 것보다 100년 전 어느 날 니체가 쓴 문장, 기원전 어느 날 공자가 들려준 한마디를 곰곰 되씹는 게 더 자신을 살찌운다는 것을 증명합니다. 그저 이렇게 살 뿐인데, 그것이 무려 국가를 거절하는 일입니다. 국가가 권장하는 표준적 삶에서 벗어나는 것이기 때문입니다.

모어, 그 자신도 모르게…

국가를 거절한다는 것은 그런 것입니다. 모어가 자신도 모르는 사이 해 버린 일도 그것인지 모릅니다. 작중 화자 모어는 이미 알았지요. 유토피아는 불가능한 세계라고 제 입으로 말합니다. 그것은 이 세상 어디에도 존재하지 않고 존재할 수 없는 세계입니다. 그게 국가의 형태인 한, 잉글랜드의 반전상인 한 그렇습니다.

이것이 의미하는 바는 무엇일까요? 국가와 제도는 결코 완벽한 삶을 보장해 주지 못한다는 사실입니다.

여기서 우리는 역설적인 결론에 도달하게 됩니다. 오직 국가를 버리는 순간 유토피아가 한 발 더 가까워진다는 사실이 그것입니다. 제도로부터 인정받고자 하는 욕망을 버릴 때, 온갖 제도가 주는 달콤함에 취한 내 정신을 다잡을 때 우리는 비로소 회복됩니다. '해야 한다'는 당위에 눌려 매일같이 피로하고 무겁고 회의적이기만 한 신체에 그제야 비로소 생기가 돌기 시작할 겁니다.

당장 시작한다면 좋겠지요. 먼저 다른 사람이 인정해 줄 만한 공부와 스펙을 좇느라 지친 심신을 잘 보살펴 주세요. 그리고 내가 어느 때 가장 즐거워하고 어떤 일을 할 때 가장 건강해지는지 살펴보세요. 공동체 실험에 뛰어든 사람들에게는 목적이 달리 있는 게 아닙니다. 저 자신도 그렇고 그들도 그렇고, 우리 모두는 충만해지고 싶었습니다. 모어가 그린 유토피아 주민들의 삶을 보세요. 굶주림에 대한 걱정이나 인정받고 싶다는 욕망 따위 없이 원하는 책을 읽고 원하는 사람과 사귀는 사람들이잖아요. 모어 역시 삶의 충만함 말고는 유토피아에서 더 바란 게 없었던 것 아닐까요?

이제 직접 묻고 살펴야 할 때가 왔습니다. 여러분은 자신도 모르게 자기 삶에서 무엇을 수락해 왔던가요? 이제 여러분은 무엇을 거절하고, 무엇을 새로 초대하고 싶은가요?

삶을 실험하는 청춘의 이야기
—『가난뱅이의 역습』

가난 때문에 연애, 결혼, 출산, 집, 인간관계 등을 포기한다는 대한민국 청춘들에게 일본에서 건너온 이 책은 아무것도 포기할 필요 없다고 외친다. 만약 그것이 진정 당신이 하고 싶은 것이며 당신을 풍요롭게 해 줄 것이라면 말이다. 그저 남들 눈을 의식하여 욕심내는 게 아닌 한 우리도 얼마든지 밥과 집과 옷과 공부, 그리고 친구들을 향유할 수 있다. 폼 나게 살아 보려고 현재를 저당 잡히고 빚쟁이가 되는 것만이 길이 아니다. 저자 마쓰모토 하지메는 자신만만하게 말한다. "공짜로 살면 돼!"

『가난뱅이의 역습』은 한마디로 자본주의 사회에서 가난뱅이 계급이 통쾌하게 싸우는 법을 모아 놓은 책이다. 저자는 노숙하는 법, 걸식하는 법 등을 자세히 설명하고 사업 아이템까지 내놓는다. 말하자면 고물상 운영인데, '아마추어의 반란'이라는 이름으로 시작된 이 점포는 책을 쓸 당시 이미 5호점까지 생겼고, 이를 인연 삼아 '아마추어 영화관'과 '아마추어 대학' 등 다양한 모임까지 가세해 어엿한 공동체로 거듭났다. 저자의 설명에 따르면 아마추어 대학은 아마추어의 반란 5호점에서 세탁기를 구매한 미국인이 연 영어 회화 교실에서 출발한 것이라고.

자, 이런 식이다. 돈을 걱정해 미친 듯이 취업 준비를 하고 취업 끝에 번 월급을 쇼핑과 여행에 바치며 살겠다는 바보 같은 생각을 버리는 순간 가난뱅이가 살 길이 환하게 열린다. 역설적으로 들리겠지만 그것은 '가난하면서 풍요로운' 삶임이 분명하다. 재활용 센터에서 중고 제품과 함께 알짜배기 정보를 교환하고 함께 공부하고 놀 친구까지 얻으면서 자신은 그렇게 살고 있노라고 저자가 직접 보여 주고 있다. 혼자라면 불가능할지 몰라도 이런 삶을 함께 꿈꾸고 도모할 친구만 곁에 있으면 얼마든지 가능하지 않을까?

하지메가 친구들과 벌이는 반란 또한 이것의 연장선상에 있다. 학생 식당에 난입해 "배고프다, 이놈들아!"라고 고래고래 소리를 지르고, 대학 당국 사무실 앞에서 유독 냄새가 심한 생선을 굽고 학내 광장에서 난로를 피우고 거하게 잔치판을 벌이는 등.

자, 이상이 하지메가 소개하는 가난뱅이의 즐겁고 가슴 후련한 인생 이야기다. 흔히들 일본 청년 세대라 하면 '니트족', '프리터족' 따위를 떠올리겠지만, 이 책에서 우리는 한국에서 찾아보기 힘든 당당한 청춘들을 보게 된다. 돈이 없어 아무것도 못 한다고? 돈을 벌기 위해 싫어도 이런저런 것을 배우고 견뎌 내야 한다고? 하지메는 이렇게 일갈한다. 하고 싶은 것을 마음껏 하며 가난뱅이로 사는 것이, 고급 아파트와 좋은 직장을 오가며 시시하게 사는 노예보다 백만 배 낫다!

당신의 유토피아는 무엇입니까?

> 프롤레타리아는 기독교 윤리, 경제 윤리와 자유사상가들의 윤리에 내포되어 있는 온갖 편견을 짓밟아 뭉개야 한다. 프롤레타리아들은 자연의 본능으로 돌아가야 한다. 프롤레타리아들은 매우 형이상학적인 법률가들이 꾸며 낸 부르주아 혁명기의 인권선언보다 천 배는 더 고귀하고 신성한 이 "게으를 수 있는 권리"를 선언해야만 한다. 하루에 세 시간만 일하고, 나머지 낮과 밤 시간은 한가로움과 축제를 위해 남겨 두는 습관을 들여야 한다.
>
> —『게으를 수 있는 권리』 중에서

마치 유토피아의 노동 관습을 설명해 놓은 대목처럼 보이죠? 지금 읽어도 파격적인 이런 주장을 한 사람은 19세기의 학자 폴 라파르그입니다.

모두가 일하기를 원하고 실업 상태를 면할 수 있기만을 간절히 바라던 19세기 프랑스에서 그의 말은 정신 나간 소리처럼 들렸을 거예요. 하지만 그가 그렇게 외쳤던 데에는 다 이유가 있었지요. 그가 보기에 사회가 원하는 바를 착실하게 수행했을 때 인간의 종착지는 '노예의 삶'과 다른 게 아니었거든요. 그저 시키는 대로 고분고분 일하는 노예, 그리고 일 좀 달라고, 쟤보다 내가 더 말 잘 듣는다고 소리 높이는 노예. 하지만 그가 보기에는, 그렇게 일하면 할수록 삶은 점점 더 궁핍해질 뿐이었어요.

그래서 라파르그는 스스로에게 묻고 답합니다. 우리가 우리 자신을 위해 해야 할 단 한 가지가 있다면, 생에서 게을리 하지 말아야 할 단 한 가지가 있다면 그건 무엇일까? 그건 게으르게 사는 것이다!

인간은 게을러져야 한답니다. 게을러지는 것이 곧 인간을 훈육하려는 이 사회에 대한 강력한 저항일 수 있기 때문입니다. 학교 공부 열심히 하고 회사 일 열심히 하고 가정일에 충실한 시민으로 길들여지는 동안 우리는 가지고 있었을지 모를 역량들을 하나하나 약화시키고 맙니다. 그래서 끝내는 다르게 생각할 줄도 다르게 행동할 줄도 모르는, 오직 눈앞에 있는 이것 하나만이 답이라고 생각하는 노예가 되고 말지요. 이 같은 노예화에 대한 저항이 곧 '베짱이 되기', 게으름 피우기라는 겁니다.

하나를 빼고 나면 그것에 의해 가려지고 막혀 있던 수많은 것이 쏟아져 나온다고 앞에서 말했었죠? 이 경우도 그렇습니다. 노동해야 한다, 먹고살기 위해서는 열심히 일해야 한다고 생각하는 강박관념을 지우고 나면 게으름뱅이가 될 수 있는 수많은 길이 발견되지요.

그런데 게으를 권리는 노동자만의 전유물이 아닙니다. 지정된 장소에서 지정된 삶을 살길 강요받는 우리 모두가 이 권리를 누릴 수 있어요. 게으름을 '부지런히' 실천하기 위해 구불구불한 골목길을 천천히 산책할 수도 있고, 마음 맞는 친구들과 이런저런 이야기를 나눌 수 있으며, 낯선 작가의 책을 더듬더듬 읽을 수도, 평소 사용하지 않는 근육을 써야 하는 운동을 해 볼 수도 있습니다.

라파르그가 이처럼 게으른 사람들의 사회를 상상한 것은 자기 시대의 지나친 부지런함과 근검절약을 보았기 때문입니다. 노동자 계급에게 부지런함과 근면이 강요되는 동안 다른 한편에서는 쏟아져 나오는 상품과 늘어나는 이윤 덕에 극소수의 사람들이 환성을 질렀지요. 노동은 빈자를 점점 더 빈곤하게 만들고, 부자를 점점 더 기름지게 만들었습니다. 빈자의 삶은 육체적으로도 정신적으로도 피폐해지는데, 부자들은 노동이야말로 인간 최고의 덕목인 것처럼 설교하고 또 설교했어요. 이런 사회를 직시한 끝에 라파르그는 게으른 사람들의 사회에 대한 책을 구상한 거지요.

대학에 갓 입학했을 때 3학년 선배로부터 『게으를 수 있는 권리』를 선물 받았습니다. 갓 고등학교를 졸업한 터라 내용을 이해하는 게 벅차기는 했으나 라파르그의 주장이 갖는 파괴력만큼은 감지할 수 있었지요. 그때 배운 한 가지는, 모든 혁명적인 일은 '상상력'으로부터 시작된다는 것이었습니다. 아울러 자신의 현실을 볼 줄 아는 자만이 다른 삶을 상상할 수 있다는 사실도 깨달았어요. 모든 일은 상상에서 시작되지만, 그 상상은 지금을 살핌으로써 가능하다는 겁니다.

라파르그의 저 낯선 상상도 이 같은 질문 끝에 태어났을 거예요. '모든 사람들이 지금 노동하기를 욕망한다, 노예의 삶을 살고자 한다. 그럼 그런 욕망이 생겨나도록 한 조건들은 무엇인가? 이 같은 욕망을 부추기는 세이렌의 노래는 어디서 흘러나오는가?'

그것은 라파르그가 현재 '살고 있는 세계' 그리고 앞으로 '살고 싶은 세계' 사이의 간극을 확인하는 과정이었습니다. 『게으를 수 있는 권리』는 그 간극을 확인한 뒤 이를 좁히기 위해 안간힘을 쓴 흔적과도 같지요.

우리 모두 지금 자신이 있는 곳을 보면서 자신이 원하는 곳을 그려 보곤 하지요. 하지만 모두가 플라톤이나 모어, 라파르그처럼 고민하고 글을 쓰지는 않아요. 간극 사이에서 넋을 놓고 가만히 앉아 있는 사람들이 훨씬 많죠. 대개의 경우 시키는 대로 열심히 살다가 이따금 지치고 회의에 빠졌을 때 위안 삼아 자신만의 유토피아를 상상해 보는 게 고작이에요. 하지만 자신을 들여다보지 않은 채 꾸는 꿈은 대개 천편일률적입니다. 모두의 사랑을 받는 최정상의 아이돌이 되는 세계, 재벌 손자나 불세출의 미남 미녀가 나를 사랑하는 세계, 모두의 동경 속에서 미국의 유명 대학에 입학하는 세계 등이죠.

그런데 어떤 이는 둘 사이의 간극을 어떻게든 좁히기 위해 당장 일에 착수합니다. 남들의 몰이해와 비웃음보다도 움직이지 않는 몽상가로 사는 것이 더 견딜 수 없는 것이기 때문이지요. 그들은 시도하지 않고는 못 배깁니다. 시도가 결과를 보장하는 것이 아닌데도 그들은 합니다. 할 수밖에 없습니다. 시도하는 매 순간, 그것 말고 삶이 어디 다른 데 있는 게 아니니까요.

'다른 데 있는 삶'은 말 그대로 유토피아일 뿐입니다. 저기 멀리 있는, 불가능한 아름다운 세계. 내 삶에 어떤 직접적 영향도 줄 수 없는 한낱 그림에 지나지 않지요.

하지만 벽에 그림 한 점 걸어 두는 것만으로는 결코 만족할 수 없는, 욕심 많은 사람들도 있습니다. 아마도 라파르그와 모어가 그랬던 것 같습니다. 그래서 그들은 걷기 시작했습니다. 도착한 곳이 상상과 전혀 다른 곳이어도 크게 좌절하지 않았습니다. 왜냐하면 얻을 수 있는 것은 걷는 과정 속에서 다 얻었을 테니까요. 끊임없이 고민하고, 선택하고, 시행착오를 거듭하며 수정하기. 모든 삶은 이 과정에 다름 아니며, 정치 또한 그러합니다.

여러분 또한 이 과정을 함께할 수 있습니다. 자신이 있는 바로 그곳에서 다른 삶을 시도해 보세요. 주변 사람들과 세상을 향한 울분을 안으로만 삭이지 말고, 똑바로 세상과 자신을 보고, 살고 싶은 삶을 상상하세요. 국가라든지 가족이라든지 하는 거대하고 단단한 이름에 얽매여 자신을 죽이지 말고, 자기 마음의 메커니즘을 이해하기 위해 애써 보세요. 바로 그 순간부터 우리의 정치는 시작됩니다. 그 순간부터 우리는 국가를 사유하지 않은 채 정치적으로 살 수 있게 됩니다.

그리고 바로 순간, 우리는 비록 멀리 떨어져 있어도, 한 번도 만난 적 없어도, 비전을 공유하는 좋은 벗이 될 것입니다. 자기 삶을 실험하는 우리 모두가, 만난 적 없는 공동체의 일원이니까요.

여러분 모두의 건투를 빕니다.

2016년 봄

수경

이 책을 쓰는 데 도움을 준 고마운 책들

- 『유토피아』, 토머스 모어 지음, 주경철 옮김, 을유문화사, 2007.
- 『우신예찬』, 에라스무스 지음, 김남우 옮김, 열린책들, 2011.
- 『군주론』, 마키아벨리 지음, 강정인 · 김경희 옮김, 까치, 2015.
- 『새로운 아틀란티스』, 프랜시스 베이컨 지음, 김종갑 옮김, 에코리브르, 2002.
- 『태양의 나라』, 토마소 캄파넬라 지음, 임명방 옮김, 이가서, 2012.
- 『동물농장, 1984』, 조지 오웰 지음, 김희진 옮김, 범우사, 1997.
- 『슈테판 츠바이크의 에라스무스 평전』, 슈테판 츠바이크 지음, 정민영 옮김, 아롬미디어, 2006.
- 『다른 의견을 가질 권리』, 슈테판 츠바이크 지음, 안인희 옮김, 바오, 2009.
- 『중세의 가을』, 요한 호이징아 지음, 최홍숙 옮김, 문학과지성사, 1997.
- 『서양 중세 · 르네상스 철학 강의』, 에른스트 블로흐 지음, 박설호 옮김, 열린책들, 2008.
- 『근대 정치사상의 토대 1, 2』, 퀜틴 스키너 지음, 박동천 옮김, 한길사, 2004, 2012.
- 『근대 유럽의 형성』, 이영림 · 주경철 · 최갑수 지음, 까치, 2011.
- 『국가』, 플라톤 지음, 박종현 옮김, 서광사, 2005.
- 『만물은 서로 돕는다』, 표트르 알렉세예비치 크로포트킨 지음, 김영범 옮김, 르네상스, 2005.
- 『자본론』(2015년 개역판), 칼 마르크스 지음, 김수행 옮김, 비봉출판사, 2015.
- 『칼 맑스 프리드리히 엥겔스 저작 선집 1』, 김세균 감수, 박종철출판사 편집부 엮음, 박종철출판사, 1997.
- 『과거의 거울에 비추어』, 이반 일리치 지음, 권루시안 옮김, 느린걸음, 2013.
- 『가난뱅이의 역습』, 마쓰모토 하지메 지음, 김경원 옮김, 이루, 2009.
- 『게으를 수 있는 권리』, 폴 라파르그 지음, 조형준 옮김, 새물결, 2005.
- 『액체근대』, 지그문트 바우만 지음, 이일수 옮김, 강, 2009.

●

생각이 찾아오는 학교 너머학교

생각교과서 너머학교 열린교실

생각한다는 것
고병권 선생님의 철학 이야기

고병권 지음 | 정문주 · 정지혜 그림

탐구한다는 것
남창훈 선생님의 과학 이야기

남창훈 지음 | 강전희 · 정지혜 그림

기록한다는 것
오항녕 선생님의 역사 이야기

오항녕 지음 | 김진화 그림

읽는다는 것
권용선 선생님의 책 읽기 이야기

권용선 지음 | 정지혜 그림

느낀다는 것
채운 선생님의 예술 이야기

채운 지음 | 정지혜 그림

믿는다는 것
이찬수 선생님의 종교 이야기

이찬수 지음 | 노석미 그림

논다는 것
오늘 놀아야 내일이 열린다!

이명석 글 · 그림

본다는 것
그저 보는 것이 아니라 함께 잘 보는 법

김남시 지음 | 강전희 그림

잘 산다는 것
강수돌 선생님의 경제 이야기

강수돌 지음 | 박정섭 그림

사람답게 산다는 것
오창익 선생님의 인권 이야기

오창익 지음 | 홍선주 그림

그린다는 것
세상에 같은 그림은 없다

노석미 글 · 그림

관찰한다는 것
생명과학자 김성호 선생님의 관찰 이야기

김성호 지음 | 이유정 그림

너머학교 고전교실

삼국유사,
끊어진 하늘길과 계란맨의 비밀

일연 원저 | 조현범 지음 | 김진화 그림

종의 기원,
모든 생물의 자유를 선언하다

찰스 다윈 원저 | 박성관 지음 | 강전희 그림

너는 네가 되어야 한다
고전이 건네는 말 1

수유너머R 지음 | 김진화 그림

나를 위해 공부하라
고전이 건네는 말 2
수유너머R 지음 | 김진화 그림

독서의 기술,
책을 꿰뚫어보고 부리고 통합하라
모티머 J 애들러 원저 | 허용우 지음

우정은 세상을 돌며 춤춘다
고전이 건네는 말 3
수유너머R 지음 | 김진화 그림

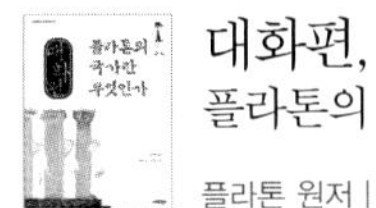

대화편,
플라톤의 국가란 무엇인가
플라톤 원저 | 허용우 지음 | 박정은 그림

감히 알려고 하라
고전이 건네는 말 4
수유너머R 지음 | 김진화 그림

아Q정전,
어떻게 삶의 주인이 될 것인가
루쉰 원저 | 권용선 지음 | 김고은 그림

언제나
질문하는 사람이 되기를
고전이 건네는 말 5
수유너머R 지음 | 김진화 그림

경연,
평화로운 나라로 가는 길
오항녕 지음 | 이지희 그림

유토피아,
다른 삶을 꿈꾸게 하는 힘
토머스 모어 원저 | 수경 지음 | 이장미 그림

더불어 고전 읽기

욕망,
고전으로 생각하다
수유너머N 지음 | 김고은 그림

사랑,
고전으로 생각하다
수유너머N 지음 | 전지은 그림

진화와 협력,
고전으로 생각하다
수유너머N 지음 | 박정은 그림

질문과 질문으로 이어지는 생각 익힘책

생각연습
생각의 근육을 키우는 질문 34
리자 하글룬트 글 | 서순승 옮김 | 강전희 그림

공존의 터전

쿠바 알 판 판 알 비노 비노
오로가 들려주는 쿠바 이야기
오로 · 김경선 지음 | 박정은 그림

그림을 그린 **이장미** 선생님은

대학에서 동양화를 공부했습니다. 여러 차례 개인전을 가졌고, 책에 그림 그리는 일을 계속하고 있습니다. 10년 가까이 쓴 드로잉 일기를 모아 『순간 울컥』을 냈고, 『산양들아, 잘 잤니?』 『조선 왕실의 보물 의궤』 『딸에게 주는 레시피』 『말하는 옷』 『물고기는 왜?』 등에 그림을 그렸습니다.

너머학교 고전교실 12

유토피아, 다른 삶을 꿈꾸게 하는 힘

2016년 5월 25일 제1판 1쇄 인쇄
2016년 5월 30일 제1판 1쇄 발행

지은이 수경
그린이 이장미
펴낸이 김상미, 이재민

편집 김세희
디자인기획 민진기디자인

종이 다올페이퍼
인쇄 청아문화사
제본 광신제책

펴낸곳 너머학교
주소 서울시 종로구 자하문로 100-1 청운빌딩 201호
전화 02)336-5131, 335-3366, 팩스 02)335-5848
등록번호 제313-2009-234호

ISBN 978-89-94407-46-3 44160
ISBN 978-89-94407-30-2 44000(세트)

너머북스와 너머학교는 좋은 서가와 학교를 꿈꾸는 출판사입니다.